POLYGLOTT on tour

Prag

W0065916

Der Autor
Gunnar Habitz
studierte Informatik in Bremen
und Wirtschaftsingenieurwesen
in Zürich. Als Reiseleiter begleitete
er jahrelang Touristen nach Prag,
London und Venedig. Seitdem ver-
öffentlichte er mehrere Reiseführer,
Hotelführer und Artikel über Tschechien und die Schweiz. Der freie
Mitarbeiter der Prager Zeitung pen-
delt regelmäßig zwischen seinen
Wohnsitzen in Prag und Zürich.

Reiseplanung

Land & Leute

Unterwegs in Prag

Die Altstadt 60

Ein buntes Ensemble von Häusern aus verschiedensten Stilepochen und das interessante Jüdische Viertel laden zur Entdeckung
zu Fuß ein.

Die Kleinseite 87

Unterhalb der Burg prunken Adelspaläste. Schlendern Sie entlang dem Kleinseitner Ring und entdecken Sie die Halbinsel
Kampa.

Das Burgviertel

Hier erwarten Sie neben der bedeutendsten Sehenswürdigkeit des Landes auch das Kloster Strahov mit den prunkvollen Bibliothekssälen und die Loreto-Kirche mit der »Prager Sonne«.

Die Neustadt

Ob auf Einkaufstour oder als Nachtschwärmer – Zentrum des Prager Business ist der Wenzelsplatz. Im Süden erhebt sich der zweite Prager Burgberg, der Vyšehrad.

Ausflüge

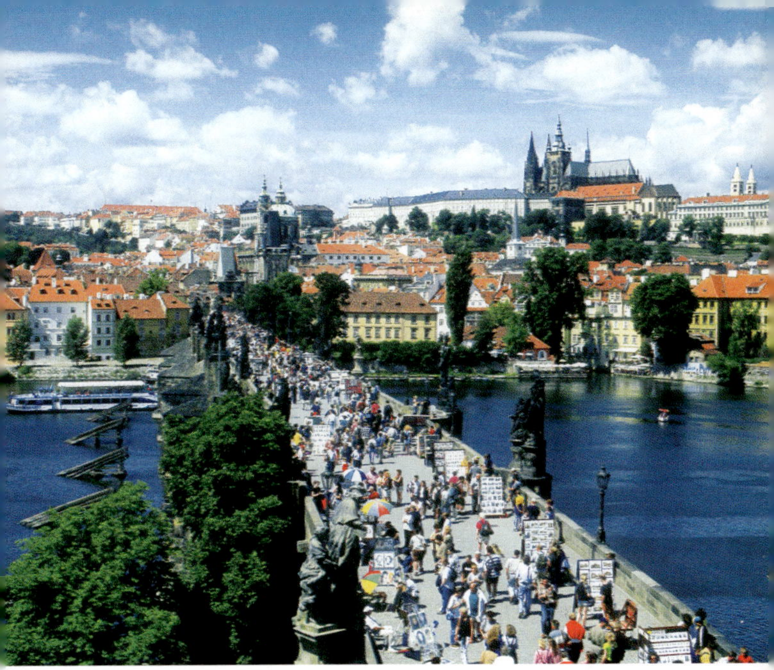

Karten

Reiseplanung

Die Stadtviertel im Überblick][Die schönsten
Touren][Klima und Reisezeit][Anreise][
Stadtverkehr][Unterkunft][Essen und Trinken][
Shopping][Am Abend

Die Stadtviertel im Überblick

Kaum eine andere europäische Metropole erhielt von ihren Bewohnern und Besuchern so viele liebevolle Kosenamen wie Prag. »Hunderttürmige Stadt«, »Goldene Stadt«, gar »Mutter der Städte« – all diese Bezeichnungen bezeugen den Respekt gegenüber dem Juwel in der Mitte Europas.

Nach der Samtenen Revolution von 1989 wandelte sich die etwas triste, aber im Kern schöne Hauptstadt der sozialistischen Tschechoslowakei in eine blühende, fröhliche Metropole eines neuen Staats, der längst seine Rolle im Herzen Europas wiedergefunden hat. Die vielgestaltigen Fassaden im Stil der Gotik über Renaissance, Barock, Historismus und Jugendstil verbinden sich in Prag zu einer kaum zu übertreffenden Einheit. Daher steht das gesamte historische Zentrum unter dem Schutz der UNESCO.

Das Stadtgebiet gliedert sich in vier historische Stadtteile, die bis 1784 noch alle selbstständig waren. Auf der einen Seite der Moldau liegt die **Altstadt** mit dem kleineren Judenviertel Josephstadt, umgeben von der bereits im 14. Jh. errichteten **Neustadt.** Auf der gegenüberliegenden Seite des Flusses thront das Burgviertel Hradčany mit der **Prager Burg** und dem **Kleinseite** genannten romantischen Stadtteil zwischen Burgberg und Moldau. Die Stadt wurde wie Rom auf sieben Hügeln erbaut, wobei der Laurenziberg gegenüber der Prager Burg direkt im Zentrum liegt. Rings um die historischen Stadtteile gliedern sich der Vyšehrad als zweite Burg in Prag, das Arbeiterviertel Žižkov sowie das Residenzviertel Vinohrady (Weinberge).

Hauszeichen und Hausnummern

Wer durch die Gassen des historischen Zentrums schlendert, bemerkt sicherlich die grafisch schön gestalteten **Hauszeichen** über den Eingängen. Vor der Einführung von Hausnummern im 18. Jh. hatte jedes Gebäude – nicht nur Gasthäuser – seinen eigenen Namen mitsamt Hauszeichen. Diese gingen nicht selten auf den Beruf der Eigentümer zurück (z.B. »Zu den drei kleinen Geigen«). Heute hat jedes Gebäude in Prag zwei verschiedenfarbige **Hausnummern:** Die blaue ist die uns bekannte Ordnungsnummer (also 2, 4, 6 etc.), die rote die meist hohe Katasternummer. Im Buch beschränken wir uns auf die blauen Nummern, damit Sie die angegebenen Objekte auch finden können. Jede Adresse im Buch wird mit dem jeweiligen **Stadtteil** genannt (z.B. Altstadt, Neustadt, Vinohrady) und ggf. mit dem Bezirk, sofern sie nicht im historischen Zentrum (Prag 1) liegt.

Die schönsten Touren

Kurzes Wochenende in Prag

Altstädter Ring › Karlsgasse › Karlsbrücke › Kleinseitner Ring ›
Nerudagasse › Prager Burg

Dauer:
Zwei halbe Tage mit je 3 Std. reiner Gehzeit.

Verkehrsmittel:
1. Tag: Ausgangspunkt Ⓜ **Náměstí Republiky,** Endpunkt Ⓜ **Malostranská.** 2. Tag: Ausgang- und Endpunkt: Ⓜ **Malostranská.** Die
Tour selbst wird zu Fuß zurückgelegt.

Wer für Prag nur ein kurzes Wochenende zur Verfügung hat, wählt als
grobe Struktur am besten denselben Weg, den auch die böhmischen
Könige zu ihrer Krönung beschritten haben. Der sogenannte **Krönungsweg** beginnt beim Platz der Republik (Náměstí Republiky) am
Übergang von der Neustadt zur Altstadt. Wo einst der alte Königspalast
als Ausgangspunkt der Zeremonie stand, prunkt heute das Gemeindehaus im Jugendstil. Im linken Flügel lädt das Kaffeehaus zum Frühstück
ein.

Die Zeltnergasse (Celetná) führt unter dem Pulverturm hindurch bis
zum ***Altstädter Ring** (Staroměstské náměstí) › S. 64, dem Herzen
der Altstadt. An der Astronomischen Uhr am Rathaus sollte man das
Figurenspiel zur vollen Stunde nicht versäumen, das am besten vom
Grand Café Praha gegenüber beobachtet werden kann. Einen Abstecher
lohnt die noble Einkaufsmeile Pariser Straße (Pařížská).

Der kopfsteingepflasterte Krönungsweg schlängelt sich weiter über
den Kleinen Ring (Malé náměstí) entlang der **Karlsgasse** (Karlova) › S. 75,
einem touristischen Eldorado von Wechselstuben, kleinen Restaurants
und vollen Souvenirgeschäften – besonders empfehlenswert sind Marionetten und Holzspielzeug. Schönes Kunsthandwerk führt Manufaktura in der Karlova 26.

Die Gasse endet am Moldauufer beim Altstädter Brückenturm,
einem der schönsten gotischen Türme Europas. Von ihm aus gelingt die
berühmte Postkartenansicht der Prager Burg. Hier beginnt die **Karlsbrücke** › S. 75, das mit 30 Statuen geschmückte Wahrzeichen Prags. Mit
ihrem Bau wurde im Jahr 1357 begonnen. Für die Mittagspause bietet

sich das Restaurant Tři století in der Míšeňská 4 auf dem gegenüberliegenden Moldauufer an, ein paar Schritte von der Karlsbrücke entfernt.

Am Nachmittag kann man sich in den Gassen der romantischen Kleinseite mit ihren Palästen, Gärten und der einladenden Kampainsel treiben lassen und die freie Zeit zum Shoppen und Bummeln nutzen. Durch die Mostecká geht es zurück zur Karlsbrücke und zur Metrostation Malostranská. Später kann man in einer der Bierstuben der Altstadt einkehren und den Tag mit einem klassischen Konzert ausklingen lassen.

Für den nächsten Tag empfiehlt sich der Aufstieg zur Prager Burg. Ausgangspunkt ist wieder die Metrostation Malostranská. Der Krönungsweg durchquert den Stadtteil **Kleinseite** (Malá Strana) › S. 87 entlang der Letenská über den Kleinseitner Ring (Malostranské náměstí), der von der barocken Nikolauskirche dominiert wird. Die nach dem Schriftsteller Jan Neruda benannte Nerudagasse schlängelt sich vorbei an beschaulichen Häusern und romantischen Restaurants bis zur ★★★**Prager Burg** › S. 98, der größten bewohnten Burganlage der Welt.

Wer sich früh genug auf den Weg gemacht hat, erlebt um 12 Uhr die große Wachablösung im ersten Burghof, zu der sich Hunderte von Besuchern auf dem Hradschiner Platz vor der Burg einfinden. Andernfalls kann man zu jeder vollen Stunde immerhin die kleine Ablösung an jedem der drei Tore mitverfolgen.

Im Sommer lohnt sich als Abschluss der Gang durch die ★**Palastgärten** › S. 90 auf der Südseite der Burg bis hinunter zur Kleinseite und durch die kleinen Gassen zur Ⓜ Malostranská, im Winter gelangt man über die alte Schlossstiege direkt dorthin. Von hier ist es nur ein Katzensprung bis zum stilvollen Restaurant Pálffy Palác in der Valdštejnská 14. Wer nach dem Besuch der Burganlage noch auf dem Burgberg bleiben möchte, kann im Restaurant Lví dvůr (Löwenhof) an der Straßenbahnhaltestelle hinter der Burg (U Prašného mostu 6) einkehren.

Blick über Moldau und Karlsbrücke zur Prager Burg

Verlängertes Wochenende in Prag

Strahov-Kloster ❯ Prager Burg ❯ Nerudagasse ❯ Kleinseitner Ring
❯ Karlsbrücke ❯ Karlsgasse ❯ Altstädter Ring ❯ Jüdisches Viertel ❯
Platz der Republik ❯ Wenzelsplatz ❯ Nationaltheater ❯ Karlsplatz
❯ Vyšehrad

Dauer:
Reine Gehzeit ca. 10 Std., verteilt auf drei halbe Tage.

Verkehrsmittel:
1. Tag: Ausgangs- und Endpunkt Ⓜ **Malostranská.** Von der Metrostation Malostranská zum Kloster Strahov fährt die Straßenbahn (Nr. 22 und 23, Station Pohořelec). 2. Tag: Ausgangspunkt Ⓜ **Malostranská,** Endpunkt: Ⓜ **Náměstí Republiky.** 3. Tag: Ausgangspunkt Ⓜ **Náměstí Republiky,** Endpunkt Ⓜ **Vyšehrad.**

An einem verlängerten Wochenende in Prag kann man viel von der Stadt sehen. Auf drei Tage verteilt, bleibt daneben genügend Zeit für die Erkundung der Nebengassen, zum Shoppen und für Pausen.

Strahov ❯ S. 111 ist die größte Klosteranlage Tschechiens. Besonders sehenswert sind die prächtigen Bibliothekssäle. Am Weg zur Prager Burg liegt das ****Loreto-Heiligtum ❯ S. 111 mit seiner Diamantenmonstranz, dann folgt der ***Hradschiner Platz** ❯ S. 113 mit den Adelspalästen, zwei Ausstellungen der **Nationalgalerie** und einer überwältigenden Aussicht auf die Stadt von der Burgrampe aus. Durch den ersten Burghof führt der Spaziergang direkt in das Areal der *****Prager Burg** ❯ S. 98, der wichtigsten Sehenswürdigkeit des Landes. In der Tour ist Zeit für eine ausgiebige Besichtigung eingeplant. Vom Goldenen Gässchen aus lohnt sich im Sommer ein Gang durch den Wallgarten zurück zum Hradschiner Platz und entlang der **Nerudagasse** (Nerudova) ❯ S. 93 durch die Kleinseite (Malá Strana). Im Winter geht man durch die Burg zurück zum Hradschiner Platz.

Am zweiten Tag startet man wieder an der Metrostation Malostranská und schlendert durch die Gassen der Kleinseite zum ****Kleinseitner Ring** (Malostranské náměstí) ❯ S. 90 und weiter über die ****Karlsbrücke** ❯ S. 75. Danach geht es durch die von Souvenirläden gesäumte Karlsgasse zum *****Altstädter Ring** (Staroměstské náměstí) ❯ S. 64. Kurz vor der vollen Stunde lohnt sich der Besuch des Grand Café Praha gegenüber dem Altstädter Rathaus zur besseren Sicht auf den Apostelumzug an der ****Astronomischen Uhr** ❯ S. 65.

Vom Altstädter Ring aus empfiehlt sich ein Abstecher durch den noblen Einkaufsboulevard **Pariser Straße** (Pařížská) ❯ S. 69 und durch das jüdische Viertel zur ****Altneusynagoge** ❯ S. 84 und zum *****Alten Jüdischen Friedhof** ❯ S. 83 – samstags sind beide allerdings geschlossen. Zurück zum Altstädter Ring geht es über die Maiselova. Schließlich gelangt man durch die Zeltnergasse (Celetná) zum Platz der Republik mit dem wohl schönsten Jugendstilgebäude Prags, dem ****Gemeindehaus** (Obecní dům) ❯ S. 62, mit Jugendstilcafè, französischen Restaurant und Bierlokal. Hier können Sie dann in die Metro einsteigen.

Bei der Metrostation Náměstí Republiky beginnt auch am nächsten Tag der dritte Teil der Tour. Er führt zunächst durch die Neustadt entlang der Flanier- und Einkaufsmeile ***Am Graben** (Na Příkopě) ❯ S. 122 bis zum Goldenen Kreuz, dem unteren Teil des geschäftigen ****Wenzelsplatzes** (Václavské náměstí) ❯ S. 119. Von dort geht es durch die Nationalstraße (Národní) zum ****Nationaltheater** (Národní divadlo) ❯ S. 123 und ins legendäre Café Slavia direkt gegenüber. Entlang dem Moldauufer mit seinen Gründerzeithäusern führt der Spaziergang zum **Tanzenden Haus** ❯ S. 125 und weiter bis zum **Karlsplatz** (Karlovo náměstí) ❯ S. 125. Die Stadtbesichtigung wird abgerundet durch einen Besuch auf dem ****Vyšehrad** ❯ S. 128, der zweiten Burganlage der Stadt. Bei der gleichnamigen Metrostation endet diese Tour durch Prag.

Hollywood an der Moldau

Strahov-Kloster ❯ **Hradschiner Platz** ❯ **Thunovská** ❯ **Kleinseitner Ring** ❯ **Karlsbrücke** ❯ **Rudolfinum** ❯ **U Obecního dvora** ❯ **Altstädter Ring** ❯ **Havelská** ❯ **Ständetheater** ❯ **Wenzelsplatz**

Dauer:
Reine Gehzeit ca. 5 Std.

Verkehrsmittel:
Ausgangspunkt Ⓜ **Malostranská,** von dort per Straßenbahn (Nr. 21 und 22, Station Pohořelec) zum Kloster Strahov. Endpunkt Ⓜ **Muzeum.** Die Tour selbst wird weitgehend zu Fuß zurückgelegt.

Prag ist sich seit Mitte der 1990er-Jahre eine ernst zu nehmende Adresse für Hollywood-Produktionen. Hier wurden schon Welterfolge gedreht. Vor allem die Wandlungsfähigkeit der historischen Bauten aus der Zeit um 1900 und ihre Eignung als Kulisse für Städte wie Berlin, Paris oder Wien bringt die Filmscouts regelmäßig in die Barrandov-

Studios nach Prag, wo sie erfahrene Profis vorfinden. Dieser Rundgang führt zu den Schauplätzen der Dreharbeiten.

Die erste Klappe fällt beim ****Strahov-Kloster 〉 S. 111**, wo Judie Dench als M in »Casino Royale« in den Philosophischen Saal schreitet, um Daniel Craig alias James Bond seine Mission zu erklären. Im benachbarten Theologischen Saal recherchiert Johnny Depp in »From Hell« über Jack the Ripper. Der Spaziergang verläuft durch die Loretánská zum **Hradschiner Platz 〉 S. 113,** auf dem in »Les Misérables« mit Liam

Dreharbeiten zu »G. I. Joe«

Neeson 4000 Komparsen aufmarschieren. An der Schlossstiege, parallel zur Nerudova, der Nabelschnur der Kleinseite, beginnt die **Thunovská**, wo für »Bad Company« mit Anthony Hopkins eine rasante Verfolgungsjagd gedreht wurde. Vorbei am Parlament in der Sněmovní führt die Tomášská zum Kleinseitner Ring mit der ****St.-Niklas-Kirche 〉** S. 92, die unter Protest des Kulturministeriums für den Film »Van Helsing« mit Hugh Jackman in einen Ballsaal verwandelt wurde. Bei den Stufen zur unweit gelegenen Kampainsel an der ****Karlsbrücke 〉 S. 75** verrät eine Prostituierte in »Oliver Twist« den Aufenthaltsort des Titelhelden. »Mission: Impossible« beginnt gar mit einer Explosion auf der Kampainsel und einem Mord auf der Karlsbrücke, wo auch der Film »xXx« mit Vin Diesel in einer dramatischen Verfolgungsjagd endet.

Von der Altstadtseite der Karlsbrücke geht es links bis zur nächsten Brücke Mánesův most. Sie beginnt am Jan-Palach-Platz mit dem ***Rudolfinum 〉 S. 79,** der Sitz der Philharmonie. Dieses bildet in »Die Liga der außergewöhnlichen Gentlemen« mit Sean Connery den Rahmen für die Bank of England, in »Prinz Kaspian« aus den Chroniken von Narnia ist es Kulisse für ein Internat. Weiter geht es zwei Stationen mit dem Bus 133 zur Haltestelle Řásnovka. Hier, in einem bewusst nicht renovierten Gebiet um die Straßen **U Obecního dvora**, U Milosrdných und Kozí werden häufig Szenen gedreht, die im alten Paris spielen. So entstanden hier Teile der Serie »Kommissar Maigret« sowie der neue Film mit Brendan Fraser, »G.I. Joe«.

Durch die Kozí gelangt man zum *****Altstädter Ring 〉 S. 64,** in dessen Mitte im Film »Mission: Impossible« ein riesiges Restaurant namens »Aquarium« steht. In »Van Helsing« landet Dr. Jekyll bzw. Mr. Hyde beim Sprung von der Pariser Kathedrale Notre Dame direkt auf dem

Altstädter Ring. Durch die Straßen Železná und Kožná erreicht man einen ziemlich versteckten Durchgang im Haus **U Závoje** (Zum Schleier) in der Havelská 25, bekannt aus dem Film »Kafka« mit Jeremy Irons. Hinter der Galluskirche sieht man schon das ***Ständetheater ›** S. 71, das für »Amadeus« im Stil des 18. Jhs. mit Kerzen beleuchtet wurde.

Von hier sind es nur ein paar Schritte durch die Straßen Rytířská und Na Můstku zum unteren Teil des ****Wenzelsplatzes ›** S. 119. Die in der Platzmitte nach links abzweigende Straße **Jindřišská** mit ihren Straßenbahngleisen stellt in »The Bourne Identity« mit Matt Damon die Bahnhofstraße in Zürich dar. Etwas weiter auf der rechten Seite des Wenzelsplatzes befindet sich der **Lucerna-Palast ›** S. 120, in dessen altehrwürdigem Saal Teile von »La Môme« mit Gérard Depardieu entstanden. Endpunkt des Spaziergangs ist das oben am Wenzelsplatz thronende ***Nationalmuseum ›** S. 117, das in »Mission: Impossible« als amerikanische Botschaft fungiert. Nun wird es Zeit für ein cineastisches Abschlussessen: Entlang der Mezibranská geht es in die Trattoria Cicala (Žitná 43), wo schon unzählige Hollywoodstars die beste Pasta in der Stadt genossen haben (So geschl.). Durch die Krakovská geht es dann wieder zurück zum Wenzelsplatz und der Metrostation Muzeum.

Touren und Ausflüge

Touren in der Stadt	Stadtviertel	Dauer	Seite
Altstadt-Spaziergang	Altstadt	4–5 Std.	62
Durch das jüdische Viertel	Altstadt/ Josephstadt	4 Std.	82
Rundgang durch die Kleinseite	Kleinseite	3–4 Std.	89
Die Prager Burg	Burgviertel	3 Std.	98
Durch das ganze Burgviertel	Burgviertel	5–6 Std.	110
Durch die pulsierende Neustadt	Neustadt	4–5 Std.	117
Südliche Neustadt – Vyšehrad	Neustadt	3 Std.	127
Ausflüge	**Lage**	**Dauer**	**Seite**
Schloss Troja	4 km nördlich	4 Std.	132
Burg Karlstein und Koněprusy	40 km südwestlich	5–6 Std.	132
Mělník	40 km nördlich	4 Std.	133
Schloss Konopiště	45 km südlich	4 Std.	134
Stausee Slapy	36 km östlich	6–7 Std.	135
Kutná Hora	45 km südöstlich	5 Std.	135

Klima und Reisezeit

Mittelböhmen und Prag liegen in der Übergangszone vom ozeanischen zum kontinentalen Klima, ähnlich wie München oder Wien. Die mittleren täglichen Maximaltemperaturen betragen 1,1 °C im Januar und 24,1 °C im August, die mittleren täglichen Minimaltemperaturen –4 °C im Januar und 13,4 °C im August.

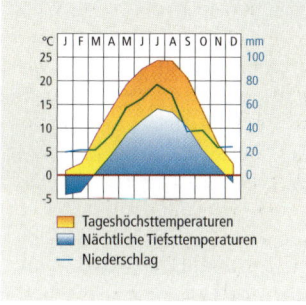

Reisezeit

Reisezeit ist eigentlich das ganze Jahr über. Am angenehmsten sind die Frühlingsmonate, wenn die Prager Gärten ihre volle Blütenpracht zeigen. Im Mai und Juni, wenn die Festwochen des »Prager Frühlings« Besucher aus aller Welt anziehen, wird es zum ersten Mal eng in der Stadt. Zu Ostern, Himmelfahrt und Pfingsten wimmelt es nur so von Touristen. In der Ferienzeit (Juli/August) nutzen die Prager selbst jede Gelegenheit zur Flucht ins Grüne.

Die milde Septembersonne taucht die Stadt in ein melancholisches Licht, während die häufig nebligen Oktober- und Novembertage sie in ein magisches Zwielicht hüllen.

Der Winterschnee verleiht den Dächern und Kuppeln zwar einen besonderen Zauber, vermischt sich aber mit dem Straßenstaub schnell zu einem schmutzigen Brei, der nicht gerade zum Spazierengehen einlädt. Das hat allerdings auch den Vorteil, dass man an solchen Tagen die Sehenswürdigkeiten der Stadt fast ganz für sich allein hat; außer natürlich an Weihnachten und besonders zu Silvester – denn dann platzt die Stadt mal wieder aus allen Nähten.

Anreise

Mit dem Auto

Die Verkehrsregeln und -zeichen in der Tschechischen Republik entsprechen dem westeuropäischen Standard. Autobahnen sind gebührenpflichtig, Vignetten sind an Grenzübergängen und Tankstellen erhältlich (Wochen-, Monats- oder Jahresmarken zu 220, 330, 1000 Kč).

Der Prager Hauptbahnhof grüßt im Jugendstilgewand

Für den Fahrer herrscht absolutes Alkoholverbot. Es besteht Anschnallpflicht sowie Helmpflicht für Motorradfahrer. Höchstgeschwindigkeit für Pkws und Busse: 50 km/h innerorts, 90 km/h auf Landstraßen, 130 km/h auf Autobahnen; Motorräder dürfen außerorts generell nicht schneller als 80 km/h fahren. Auch tagsüber ist das Abblendlicht einzuschalten.

⚠️ **Polizei:** Tel. 158. Bei Autopannen helfen: **UAMK** (zentraler Automobilklub), Tel. 1230; **ABA** (Autoklub Bohemia Assistance), Tel. 1240.

Mit dem Flugzeug

Der internationale Flughafen Prag-Ruzyně liegt 20 km westlich der Stadt. Ein Flughafenbus der Firma Cedaz bringt die Reisenden im Halbstundentakt bis zur Straße V Celnici in der Nähe der Ⓜ Náměstí Republiky. Außerdem verbinden Linienbusse den Flughafen mit der Metro: Bus 119 bis Ⓜ Dejvická und Bus 100 bis Ⓜ Zličín.

Mit dem Zug

Von Wien erreicht man Prag in vier, von Berlin in viereinhalb und von München (über Nürnberg) in etwa sieben Stunden. Von Hamburg und Basel verkehren Schlaf- und Liegewagen. Die meisten Züge treffen am Prager Hauptbahnhof ein, einige wenige auch am Bahnhof Prag-Holešovice.

Mit dem Bus

In vielen Städten bieten Reiseveranstalter Pauschalreisen per Bus nach Prag an. Außerdem verkehren Linienbusse von Hamburg, München, Zürich und Wien zum Busbahnhof Florenc, am östlichen Rand der Neustadt, an der gleichnamigen Metrostation.

Mit dem Schiff

Die MS »Viking Schumann« fährt von Magdeburg über Elbe (Fahrt durch die romantische Böhmische Schweiz) und Moldau nach Prag (8 Tage). Nähere Informationen erteilt die Viking Schifffahrtsgesellschaft, Tel. 0800/258 46 66 (aus D) bzw. 0800/84 54 64 (aus CH), www.vikingrivers.de.

Stadtverkehr

Öffentliche Verkehrsmittel

Für Metro, Straßenbahn und Busse gelten die gleichen Fahrkarten (an Automaten, in Metrostationen, an Zeitungskiosken). Eine einfache Fahrt kostet 18 Kč (gültig 20 Min. ohne Umsteigen, in der Metro für 5 Stationen mit Umsteigen), eine längere Fahrt mit Umsteigen und Unterbrechung (75 Min. gültig) kostet 26 Kč. Es gibt Tickets für 24 Std. (100 Kč), 3 Tage (330 Kč), 5 Tage (500 Kč) oder 30 Tage (550 Kč). Die Geltungsdauer beginnt mit der unbedingt erforderlichen Entwertung.

Die drei Metrolinien sowie Straßenbahnen und Busse verkehren zwischen 5 und 24 Uhr, tagsüber im 2- bis 10-Minuten-Takt, abends alle 15 Minuten. Gerade im Zentrum eröffnet eine Straßenbahnfahrt oft ungewöhnliche Perspektiven. Nach Mitternacht verkehren Busse und Straßenbahnen auf speziellen Nachtlinien (alle 20–30 Minuten). Für Nostalgiker empfiehlt sich eine Fahrt mit den historischen Waggons der Linie 91, die zwischen Prager Burg und Ausstellungsgelände via Wenzelsplatz verkehren (35 Kč).

Lust auf eine Stadtrundfahrt im Oldtimer?

Seilbahn

Von der Straße Újezd auf der Kleinseite fährt eine Seilbahn zum Laurenziberg mit schöner Aussicht an der Mittelstation Nebozízek (tgl. 9–23 Uhr). Von ganz oben sind Aussichtsturm, Spiegelkabinett und Sternwarte gut erreichbar. Die Bahn kann mit normalen Metrotickets zu 26 Kč benutzt werden.

Taxi

Im Vergleich zu vielen andern europäischen Metropolen ist Taxifahren in Prag ein preiswertes Vergnügen. Leider gibt es immer wieder Grund für Beschwerden: Schwarze Schafe unter den Taxifahrern versuchen, überhöhte Preise von Touristen zu verlangen und schädigen so den Ruf der Stadt. Am besten also Taxis an entsprechend gekennzeichneten Standplätzen aufsuchen und besonders am Abend den Fahrpreis im Voraus abmachen. Fahrten durch das historische Zentrum sollten nicht mehr als 300 Kč kosten.

Bewährt haben sich Taxizentralen wie AAA (Tel. 1 40 14) und Radiotaxi Praha (Tel. 222 111 000).

Oldtimer

Am kleinen Ring und in der Melantrichova laden Oldtimer der Marke Praga aus den 1920er-Jahren zu einer Rundfahrt der besonderen Art ein. Die Fahrer erklären nicht nur die Sehenswürdigkeiten, sondern erzählen auch etwas über die rechts gelenkten Fahrzeuge. Eine 40 Minuten dauernde Fahrt für zwei Personen kostet rund 950 Kč.

Achtung Autofahrer

Prag wurde unfreiwillig zu einer Metropole des internationalen Autodiebstahls. Polnische und russische Diebesbanden sind darauf spezialisiert, Autos in Sekundenschnelle zu knacken – oft auf Bestellung.

Am sichersten steht man in der Hotelgarage oder auf Parkplätzen, die rund um die Uhr bewacht sind, wie beispielsweise auf dem Parkdeck vor dem Hauptbahnhof oder in den Parkhäusern am Rudolfinum bzw. am Platz der Republik im Kaufhaus Kotva.

Viele Parkplätze sind u.a. für Botschaften, Betriebe und Banken reserviert (blaue Beschilderung).

Schiffsverkehr

Die meistfrequentierte Anlegestelle für die beliebten Dampferfahrten auf der Moldau liegt an der Čechův most beim Hotel InterContinental. Die Schiffe zum Stausee Slapy legen am Rašínovo nábřeží ab.

Mit Kindern in der Stadt

Prag ist nicht nur für Kulturinteressierte die richtige Stadt, sondern auch für Kinder aller Altersstufen geeignet. Wenn Kafka seine Heimatstadt schon für die »Mutter der Städte« hielt, muss sie ja ewas für ihre Kinder übrig haben!

Auf den ersten Blick fallen die »Hits für Kids« nicht wirklich auf. Doch man sollte nicht nur das kinderwagenfeindliche Kopfsteinpflaster oder die Rolltreppen in der Metro sehen: Es werden immer mehr Fahrstühle eingebaut, und für die Kinder bieten sich unzählige Möglichkeiten an.

Was sich draußen so abspielt

Viel Spaß für Jung und Alt ist direkt in den Prager Gassen zu erleben. Beim Malé náměstí (Kleiner Ring, Altstadt) lenken Chauffeure in historischer Kleidung ihre Oldtimer aus den späten 1920er-Jahren über das Kopf-steinpflaster. Oder wie wäre es mit einer Fahrt mit kleinen Ausflugsbooten unter der Karlsbrücke hindurch? Die Boote von **Prague-Venice** starten an der Karlsbrücke beim Altstädter Brückenturm. Im März findet die **Matthias-Kirmes** auf dem Ausstellungsgelände (Výstaviště, Holešovice, Prag 7) mit großem Riesenrad statt. Dort beginnt der **Baumgarten** (Stromovka, Holešovice, Prag 7), die größte grüne Lunge am Rand des Zentrums. Landschaftlich gehört der 1931 gegründete **Prager Zoo** (U Trojského zámku 3, Troja, Prag 7, www.zoopraha.cz) zu den schönsten Europas. Auf 44 Hektar tummeln sich 4600 Tierarten. Hauptattraktionen sind das Aussichtsplateau über das Afrikagelände und der Pavillon des indonesischen Dschungels. Kinder begeistert vor allem die Sesselbahn: ein Blick auf die tierischen Bewohner aus luftiger Höhe.

Im Spielzeugmuseum

eröffnet, kurz bevor Slavia über-
raschend den Meistertitel gewann.

■ Skateboarding betreibt man am
besten auf dem Letná-Plateau (Prag 7),
dem derzeit wichtigsten Treffpunkt für
Skater und Skateboarder.

■ Bobová dráha (Rodelbahn),
Prosecká 34b, Prosek (Prag 9).
Zwar können Sie hier mit über 60 km/h
die größte tschechische Bobbahn
hinuntersausen, dennoch ist die Anlage völlig ungefährlich.

Museen und Unterhaltung einmal anders

Wer sagt denn, dass Kultur nicht
auch für die Kleinen gemacht sein
kann? Folgende Museen und Theater haben eine lange Tradition.

■ Theater von Špejbl und Hurvínek,
**Dejvická 38, Dejvice (Prag 6), Tel.
224 316 784, www.spejbl-hurvinek.
cz.** Die beiden Holzmarionetten Vater
Špejbl und Sohn Hurvínek treten
bereits seit 1926 im In- und Ausland
auf.

■ Divadlo Minor, **Vodičkova 6, Neustadt, Tel. 222 231 351, www.minor.
cz.** Die eigens für Kinder konzipierte
Bühne bietet Marionettenstücke und
verschiedene andere Theaterformen.

■ Spielzeugmuseum, **Jiřská 6,
Hradčany, Tel. 224 372 294, www.
muzeumhracek.cz.** In einem kleinen
Turm am hinteren Ende der Prager
Burg zeigt das Museum seine kleinen
Schätze, darunter auch Spielzeug aus
der Zeit unserer Großeltern.

■ Verkehrsmuseum, **Patočkova 4,
Střešovice Prag 6, Tel. 296 124 905,
www.dpp.cz.** Mehr als 40 historische
Wagen in einem alten Tramdepot
(Apr.–Okt. nur Sa/So).

Von Bad bis Bob

Die tschechische Hauptstadt gibt
sich mit Ausnahme der fehlenden
Fahrradwege doch ganz schön
sportlich. Die nachfolgenden Tipps
sind keineswegs nur für die Kinder, sondern für die ganze Familie
gedacht:

■ Schwimmbad Podolí, **Podolská 74,
Podolí (Prag 4).** Das größte Prager
Schwimmbad liegt direkt an der Mol-
dau, etwas südlich der Burg Vyšehrad.

■ Kart Centrum, **Výpadová 1335,
Radotín (Prag 5).** In einem ehemaligen
Gewächshaus befindet sich die längste
Indoor-Kartbahn Europas mit einer
Länge von 910 Metern und mehr als
30 Kurven.

■ Sparta Prag **(Milady Horákové 98,
Bubeneč, Prag 7, www.sparta.cz)**
und Slavia Prag **(Vladivostocká 2,
Vršovice, Prag 10, www.slavia.cz)**
sind die beiden führenden Fußball-
vereine der Stadt. Slavias neues
»Stadion Eden« mit einer Kapazität
von 21 000 Zuschauern wurde 2008

Unterkunft

Prag bietet den Besuchern ein breites Angebot, von preisgünstigen Hostels (ca. 16 € pro Bett) über einfache Hotels in den Stadtvierteln rings um das Zentrum (ca. 60–80 € pro Doppelzimmer) bis zum Luxushotel in der City (bis zu 400 €). Die meisten der aufgeführten Hotels liegen in den historischen Vierteln von Prag 1, wenn nicht, wird eigens darauf hingewiesen.

Die **besten Hotelagenturen im Internet,** www.hotelsprague.cz und www.visitprague.cz, gehören seriösen Anbietern. Schnäppchen finden sich auch auf www.hrs.de, der beliebtesten deutschen Webseite für Hotelbuchungen. Und natürlich bieten Reisebüros eine Vielzahl von Pauschalarrangements an.

Luxushotels

Inzwischen hat sich fast jede Kette der Luxushotellerie in der Moldaumetropole niedergelassen und sorgt für eine Vielzahl von Fünf-Sterne-Häusern. Noch immer wird trotz teilweise rücklaufender Auslastung gebaut – ganz zum Wohle der Kundschaft.

■ **Mandarin Oriental**
Nebovidska 1
Kleinseite
Tel. 233 088 888
www.mandarin-oriental.com/prague
Verstecktes Luxushotel **mit großem Wellnessareal** in einem ehemaligen Klosterkomplex. ●●●

■ **Four Seasons**
Veleslavínova 2a
Altstadt
Tel. 221 427 000
www.fourseasons.com/prague
Exklusives Haus nahe der Karlsbrücke. Die Zimmer mit traumhaftem Stadtblick sind bei Filmstars beliebt. ●●●

■ **Paříž**
U Obecního domu 1
Altstadt
Tel. 222 195 195
www.hotel-pariz.cz

Die authentischsten Hotels

■ **U raka** › S. 23. Der Tipp für einen romantischen Aufenthalt in einem alten Holzhaus hinter der Prager Burg.
■ **Mandarin Oriental** › S. 21. Wohnen in alten Klostermauern auf höchstem Niveau mit dem größten Prager Wellnessareal.
■ **Paříž** › S. 21. Jugendstil pur! Bohumil Hrabal schrieb: »Das Hotel Paris war so schön, dass es mich fast umwarf.«
■ **U zlatého jelena** › S. 23. Die einsamen alten Innenhöfe sind fast verschwunden, aber im »Goldenen Hirsch« lebt die Tradition noch heute fort.
■ **Grand Hotel Evropa** › S. 22 und 120. Das meistfotografierte Hotel der Stadt mit tollem Café und historischen Zimmern kommt in einigen Filmen vor.

Das Hotel Paříž – Nobelherberge und nationales Kunstdenkmal

Das prächtige Jugendstilhotel mit seinem charakteristischen dreieckigen Grundriss und dem hervorragenden Restaurant »Sarah Bernhardt« gilt seit 1984 als nationales Kunstdenkmal.
●●●

■ **Le Palais**
U Zvonařky 1
Vinohrady (Prag 2)
Tel. 234 634 111
www.palaishotel.cz
Kleines, aber feines Luxushotel im Stil der Belle Epoque am Rand des Viertels Vinohrady im einstigen Wohnhaus des Malers Luděk Marold. Entspannung bieten der Wellnessbereich und die englische Bibliothek. ●●●

■ **Adria**
Václavské náměstí 26
Neustadt
Tel. 221 081 111
www.hoteladria.cz
Im ältesten Gebäude am Wenzelsplatz locken modern eingerichtete Zimmer und das Grottenrestaurant »Triton«.
●●–●●●

Mittelklassehotels

Neue Hotels im Zentrum müssen mindestens vier Sterne haben. Daher sind bezahlbare Häuser der guten Mittelklasse rar.

■ **Atos**
Mělnicka 13
Kleinseite (Prag 5)
Tel. 251 512 890
www.hotelatos.cz
Familiäres Haus in einer ruhigen Nebengasse auf der romantischen Kleinseite. ●●

■ **Grand Hotel Evropa**
Václavské náměstí 25
Neustadt
Tel. 224 215 387
www.evropahotel.cz
Das wohl meistfotografierte Hotel der Stadt ist vor allem wegen seines Cafés berühmt. Die Zimmer warten geduldig auf eine Moderniserung und erfreuen jeden Nostalgiker. ●●

■ **Tříska**
Vinohradská 105
Vinohrady (Prag 3)

Tel. 222 727 313
www.hotel-triska.cz
Sympathisches Jugendstilhotel im Residenzviertel Vinohrady mit historischer Inneneinrichtung in den individuell gestalteten Zimmern. ●●

■ **U tři pštrosů**
Dražického náměstí 12
Kleinseite
Tel. 257 532 410
www.utripstrosu.cz
Das Haus »Zu den drei Straußen« mit seinen charakteristischen Renaissance-Giebeln liegt am Kleinseitner Ende der Karlsbrücke. Wo einst die ersten Kaffeebohnen in Prag verkauft wurden, befindet sich heute ein vornehmes Restaurant. ●●–●●●

■ **U zlatého jelena**
Celetná 11, Altstadt
Tel. 222 317 237
www.hotel-u-zlateho-jelena.cz
Verstecktes, charmantes Altstadthotel »Zum goldenen Hirsch« in historischem Gebäude mit romantischem Innenhof. ●●

Designhotels

Der Trend zu modern gestylten Hotels hat auch das historische Prag erreicht, wo sich häufig traditionelle Mauern mit dem Design des 21. Jhs. verbinden.

■ **987 Prague Hotel**
Senovážné náměstí 15
Neustadt
Tel. 255 737 200
www.987praguehotel.com
Designhotel in einem ruhigen Teil der Neustadt; einige Elemente stammen von Stardesigner Philipp Starck. ●●●

■ **The Icon**
V Jámě 6
Neustadt

Tel. 221 634 100
www.iconhotel.eu
Neues Designhotel nahe dem Geschäftszentrum Wenzelsplatz **mit handgefertigten Betten** der schwedischen Firma Hästens für höchsten Schlafkomfort. ●●●

■ **Neruda**
Nerudova 44
Kleinseite
Tel. 257 535 557
www.hotelneruda.cz
Das kleine Hotel in historischen Mauern von 1348 nimmt die beiden letzten Häuser in der Nerudagasse kurz vor der Prager Burg ein. Zwölf Jahre lang lebte hier der Schriftsteller Jan Neruda. ●●●

Pensionen

Bed & Breakfast ist in der Tschechischen Republik als Begriff nicht eingeführt. Diese Kategorie wird durch kleinere Pensionen mit familiärer Atmosphäre abgedeckt.

■ **U raka**
Černínská 10
Hradčany
Tel. 220 511 100
www.romantikhotel-uraka.cz
Die malerische Gasse »Neue Welt« endet bei der Pension »Zum Krebs«, einem Holzhaus aus dem 18. Jh. mit Schieferdach, romantischem Garten und gemütlichem Café. ●●

■ **Vila Kozlovká**
Kozlovská 24
Dejvice (Prag 6)
Tel. 224 320 182
www.vilakozlovka.cz
Niedliche Pension im Villenviertel hinter der Prager Burg mit Parkplätzen im eigenen Hof. ●

Hostels

Am günstigsten übernachtet man in Prag nicht in Jugendherbergen, sondern in Hostels. Häufig kann man Doppelzimmer mit eigenem Bad buchen, meistens werden jedoch Betten in Mehrbettzimmern angeboten.

■ Czech Inn
Francouzská 76
Vinohrady (Prag 2)
Tel. 267 267 600
www.czech-inn.com
Mordern gestaltetes Hostel im Residenzviertel Vinohrady. ●

■ Miss Sophie's
Melounová 3
Neustadt (Prag 2)
Tel. 296 303 530
www.miss-sophies.com
Erstes Design-Hostel in Prag, topmodern. ●

■ Travellers' Hostel
Dlouhá 33
Altstadt
Tel. 224 826 662
www.travellers.cz
Neben einem der angesagtesten Musikklubs der Altstadt gelegen mit mehreren Dependancen. ●

Essen und Trinken

Zur Zeit der Donaumonarchie gehörte es bei Adel und gehobenem Bürgertum zum guten Ton, seine Küche einer böhmischen Köchin anzuvertrauen. Heute kocht die in der Regel berufstätige Tschechin nur noch für ihre Kleinfamilie. Geblieben ist die gutbürgerliche böhmische Küche mit all ihren opulenten Gaumenfreuden.

Für Süßmäuler: Palatschinken

Dazu gehört eine Suppe vorweg, z. B. Kuttelfleck- oder Gulaschsuppe, und eine reichhaltige Süßspeise zum Abschluss: Buchteln, Liwanzen, Palatschinken. Deftig muss es sein, auch wenn die tschechische Hausfrau den Rezepten von einst heute nicht mehr uneingeschränkt folgt. Doch die Erinnerung daran klingt noch in jeder Soße nach.

In Prag schießen neue Lokale wie Pilze aus dem Boden, und das kulinarische Angebot entspricht dem einer Weltstadt. Feinschmecker kommen hier genauso auf ihre Kosten wie eilige Touristen, die nur mal schnell im Stehen einen Imbiss zu sich nehmen wollen. Obwohl das Angebot immer größer wird, empfiehlt es sich – gerade in den Gourmetrestaurants –, Plätze zu reservieren.

Die Prager Kaffeehäuser waren früher Stammlokale von Künstler- und Literatenzirkeln. Sie wurden nicht nur als Orte des Austauschs genutzt, sondern auch zum Schreiben. Im Hintergrund klimperte dazu meist ein Klavierspieler. Heute versucht man, an diese Tradition wieder anzuknüpfen.

Bei den folgenden Restaurantempfehlungen wird vorausgesetzt, dass der Prag-Besucher zunächst einmal die heimische Küche kennenlernen will und die nächste Pizza lieber beim Italiener zu Hause bestellt.

⚠ Kontrollieren Sie immer die Rechnung, denn nicht selten findet sich da etwas aufgelistet, das man gar nicht konsumiert hat. Und Achtung: Wenn Sie im Freien Platz nehmen, sind die Preise häufig höher als im Innern des Lokals. Auch ist es in Prag üblich, pro Tisch und nicht einzeln pro Person zu kassieren.

Buch-Tipp Den besten Überblick über die Gastroszene vermittelt der nur auf Englisch erhältliche Führer »Square Meal«. In der deutschsprachigen »Prager Zeitung« werden jede Woche neue Restaurants vorgestellt und ein guter Überblick über Lokale aller Kategorien vermittelt.

Die Prager Spitze

■ **Kampa Park**
Na Kampě 8b
Kleinseite
Tel. 257 532 685
www.kampapark.cz
tgl. 11.30–1 Uhr

Direkt am Ufer der Moldau einen Platz zu ergattern, ist nicht gerade leicht. Die besten Köche kreieren hier feine Variationen von Reh und Hirsch. ●●●

■ **Lví dvůr (Löwenhof)**
U Prašného mostu 6
Hradčany
Tel. 224 372 361
www.lvidvur.cz
tgl. 11–24 Uhr
Zu den illustren Gästen des ausgezeichneten Restaurants beim Seiteneingang zur Prager Burg gehört auch

Echt gut!

Die besonderen Prager Restaurants

■ **Pálffy Palác** ❯ S. 26. Speisen in einem vornehmen Barockpalast aus dem 17. Jh. auf der romantischen Kleinseite mit Blick in die Palastgärten unter der Prager Burg.
■ **Lví dvůr** ❯ S. 25. Der »Löwenhof« beim Seiteneingang der Prager Burg fungiert als »Kantine des Präsidenten« und zelebriert Spanferkel und Wiener Schnitzel auf hohem Niveau.
■ **Tři století** ❯ S. 26. Böhmische Küche par excellence auf der Kleinseite. Unbedingt probieren: die Dillsuppe »kulajda« und den Lendenbraten.
■ **Café de Paris** ❯ S. 27. Das beste Preis-Leistungs-Verhältnis für Entrecôte mit der leckeren Sauce »Café de Paris«.
■ **Lehká hlava** ❯ S. 29. Die Zeiten der opulenten böhmischen Küche sind gezählt, es geht auch anders. Der »leichte Kopf« in einer romantischen Sackgasse gilt als eines der besten vegetarischen Restaurants.

der Präsident. Empfehlung: Spanferkel
nach Rezept aus dem 16. Jh. ●●

■ **Pálffy Palác**
Valdštejnská 14, Kleinseite
Tel. 257 530 522
www.palffy.cz
tgl. 11–23 Uhr
Restaurant im Palais der Adelsfamilie
Pálffy, barocker Innenraum und
Terrasse mit wunderbarer Aussicht
auf die Burggärten. Ein Tipp: Schweine-
filet im Kokosteig mit Traubensauce.
●●●

■ **Villa Richter**
Staré zámecké schody 6, Hradčany
Tel. 257 219 079
www.villarichter.cz
tgl. 10–23 Uhr
Erst 2008 wurde der Weinberg hinter
der alten Schlossstiege mitsamt der
noblen Villa Richter öffentlich zugänglich gemacht. Deren Restaurans bieten
Gourmets höchsten Genuss. Empfehlenswert ist das Glashaus mit toller
Aussicht auf Kleinseite und Karlsbrücke ●●●

■ **Zlatá Praha (Goldenes Prag)**
Náměstí Curieových 5, Altstadt
Tel. 296 630 914
www.zlatapraharestaurant.cz
tgl. 12–15, 18–23.30 Uhr
Hier, in der obersten Etage des Hotels
InterContinental, hat man eine grandi-
ose Aussicht auf die Türme und Dächer
der Altstadt. Empfehlenswert: der
Sonntagsbrunch. ●●●

■ **Hanavský Pavilon**
Letenské sady 173
Auf der Letná-Höhe
Tel. 233 323 641
www.hanavskypavilon.cz
tgl. 11–1 Uhr

Romantischer Pavillon hoch über der
Stadt mit wunderbarem Blick auf
die Altstadt von der Aussichtsterrasse. Ganz traditionell: Fasan in Wein-
sauce. ●●

■ **Hospoda v Lucerně**
Vodičkova 36, Neustadt
Tel. 224 215 186
www.hospodalucerna.cz
Mo–Fr 10–3, Sa–So 12–3 Uhr
Böhmische Gerichte zu günstigen Prei-
sen im modern gestalteten Keller der
Lucerna-Passage. ●●

■ **Kolkovna**
V Kolkovně 8, Altstadt
Tel. 224 819 701
www.kolkovna.cz
tgl. 11–24 Uhr
Stilvoll eingerichtetes »Pilsner-Urquell-
Original-Restaurant« mit umfangreicher Karte böhmischer Gerichte;
abends besser reservieren! ●●

■ **Tři století (Drei Jahrhunderte)**
Míšeňská 4, Kleinseite
Tel. 257 217 940
www.tristoleti.cz
tgl. 10–24 Uhr

Dauerbrenner

Trotz der vielen neuen Lokale, trotz
des Heißhungers der Tschechen
auf alles Neue – die heimische
Küche beherrscht nach wie vor der
Knödel, meist als Beilage zu
Schweine- oder Lendenbraten. Es
gibt ihn in zahlreichen Variationen:
als Kartoffel- oder Semmelknödel,
als Speckknödel und als Obstknö-
del, der meist aus einem Quark-
oder Kartoffelteig zubereitet und
mit Erdbeeren, Aprikosen, Kirschen
oder Pflaumen gefüllt wird.

■ Das auch im Film »Amadeus« zu sehende Häuschen in einer Nebengasse bei der Karlsbrücke serviert ausgezeichnete Suppen (Tipp: »kulajda«) und böhmische Gerichte. ●●

■ **Hloupý Honza**
Školská 12
Neustadt
Tel. 222 230 036
www.hloupyhonza.cz
Mo–Sa 11.30–24 Uhr
Der »Hans im Glück« bietet böhmische Küche in rustikalem Ambiente und ist bei Einheimischen sehr beliebt. ●

■ **U Pravdů**
Žitná 15, Neustadt
Tel. 222 233 915
www.upravdu.com
Mo–Fr 11–23, Sa–So 12–23 Uhr
Rustikal und fernab der Touristenpfade. Die preiswerte böhmische Küche ist bei Einheimischen besonders mittags beliebt. ●

Typisch böhmische Küche: Lendenbraten in Rahmsoße mit Knödeln und dunklem Bier

Internationale Gastronomie

■ **Barock**
Pařížská 24, Josefov
Tel. 222 329 221
www.barockrestaurant.cz
tgl. 10–1 Uhr
Sehen und gesehen werden heißt die Devise in diesem asiatisch angehauchten Café-Restaurant auf dem Pariser Boulevard. Man muss aber keinen Ferrari fahren, um hier einzukehren. ●●●

■ **Hloupý Honza**
Školská 12
Neustadt
Tel. 222 230 036
www.hloupyhonza.cz
Mo–Sa 11.30–24 Uhr
Der »Hans im Glück« bietet böhmische Küche in rustikalem Ambiente und ist bei Einheimischen sehr beliebt. ●

■ **Triton**
Václavské náměstí 26, Neustadt
Tel. 221 081 218
www.tritonrestaurant.cz
tgl. 12–24 Uhr
Das Kellerrestaurant in Form einer geheimnisvollen Grotte im traditionsreichen Hotel Adria bietet auf seiner Karte internationale Gerichte auf hohem Niveau. ●●●

■ **Café de Paris**
Maltézské náměstí 4, Kleinseite
Tel. 603 160 718
www.cafedeparis.cz
tgl. 11–24 Uhr
Hier gibt es das beste Entrecôte der Stadt mit Sauce »Café de Paris«, serviert vom pfiffigen Gastronomen Pavel Culek. ●●

Echt gut!

Im Café Imperial

■ **Restaurant Mucha**
Melantrichova 5
Altstadt
Tel. 224 225 045
www.restaurant-mucha.cz
tgl. 12–24 Uhr
Das Jugendstilrestaurant, das an den
berühmten Maler Alfons Mucha
erinnert, serviert böhmische und französische Gerichte in authentischem
Ambiente. ●●

■ **Trattoria Cicala**
Žitná 43
Neustadt
Tel. 222 210 375
trattoria.cicala.cz
Mo–Sa 11.30–22.30 Uhr
Kaum ein Hollywoodstar, der nicht
schon bei Aldo Cicala eingekehrt ist,
um seine gute italienische Küche zu
genießen. ●●

■ **Zahrada v opeře**
Legerova 75, Neustadt
Tel. 224 239 685
www.zahradavopere.cz
tgl. 11.30–1 Uhr
Im »Garten in der Oper«, dem ehemaligen Parlamentsgebäude, zaubert ein
französischer Chefkoch Haute Cuisine,
die in modernem Interieur serviert
wird. ●●

■ **Himalaya**
Soukenická 2
Neustadt
Tel. 233 353 594
www.himalayarestaurant.cz
Mo–Fr 11–23, Sa, So 12–23 Uhr
Günstige indische Gerichte, ideal als
leckeres Mittagessen. Selbst Stamm-
gäste erleben hier immer wieder kuli-
narische Überraschungen. ●

Es lebe die Kaffeehauskultur

■ **Café Evropa**
Václavské náměstí 25
Neustadt
Tel. 224 228 117
tgl. 10–23.30 Uhr
Auch wenn man nicht im Hotel Evropa
absteigt, lohnt sich ein Besuch des
authentischen Art-déco-Cafés, wo die
Atmosphäre der späten 1920er-Jahre
lebendig geblieben ist. ●●

■ **Café Imperial**
Na Poříčí 15
Neustadt
Tel. 246 011 440
www.hotel-imperial.cz
tgl. 6.30–23 Uhr

1 Café Slavia
Im legendären Künstlercafé
trafen sich früher Literaten wie
Čapek, Rilke und Seifert oder Kom-
ponisten wie Smetana. Absinth
trinkt man traditionell hinten am
Fenster vor dem Gemälde des
Herrn mit der Melone
(Smetanovo nábřeží 2, Altstadt,
Tel. 224 218 493, www.cafeslavia.
cz, tgl. 8–23 Uhr, ●●).

Das zwischen Jugendstil und Art déco anzusiedelnde Café mit alter Keramik erinnert irgendwie an den Nahen Osten. Zu jedem Kaffee gibt es einen Berliner gratis. Viele Einheimische schätzen die Küche des Hauses. ●●

■ **Louvre**
Národní 20
Neustadt
Tel. 224 930 949
www.cafelouvre.cz
Mo–Sa 8–23.30, So 9–23.30 Uhr
Das traumhafte Kaffeehaus strahlt noch heute den Charme der Ersten Republik aus. Mit Nichtraucherraum und Billardtischen. Günstiger Mittagstisch. ●●

■ **Kavárna Obecní dům**
Náměstí Republiky 5
Altstadt
Tel. 222 002 763, tgl. 7.30–23 Uhr
Schönstes Jugendstilcafé der Stadt im linken Flügel des Gemeindehauses mit täglicher Livemusik. Die Kellner kommen immer wieder mit dem Tortenwagen vorbei. ●●

■ **Café Savoy**
Vítězná 5, Kleinseite (Prag 5)
Tel. 257 311 562
www.ambi.cz
Mo–Fr 8–22.30, Sa–So 9–22.30 Uhr
Traditionelles Café mit klassizistischer Stuckdecke in mehr als fünf Meter Höhe und der umfangreichsten Karte aller Prager Kaffeehäuser, von Würstchen bis Steaks. ●●

■ **Grand Café Orient**
Ovocný trh 19, Altstadt
Tel. 224 224 240
www.grandcafeorient.cz
Mo–Fr 9–22, Sa, So 10–22 Uhr
Das einzige kubistisch gestaltete Café der Welt sieht noch genauso aus wie vor 90 Jahren. Unbedingt probie-

ren sollte man hier den Apfelstrudel, der zu den besten der Stadt gehört. ●

■ **Dobrá čajovna**
Václavské náměstí 14
Neustadt
Tel. 224 231 480
www.cajovna.com
Mo–Sa 10–21.30, So 14–21.30 Uhr
Eine der beliebtesten Prager Teestuben in einem versteckten Innenhof am Wenzelsplatz mit separatem Liegeraum. ●

Biorestaurants

■ **Bio Cafés**
Kaprova 9, Josefov
Tel. 222 310 098
www.bio-cafes.com
tgl. 8–22 Uhr
Modern gestaltetes Café für Anhänger der organischen Lebensweise. Angeboten werden frisch gepresste Obstsäfte, verschiedene Salate, täglich warme Suppen, Pizza und Sandwiches. ●

■ **Lehká hlava**
Boršov 2, Altstadt
Tel. 222 220 665
www.lehkahlava.cz
Mo–Sa 11.30–23.30, So 12–23.30 Uhr
Im »Leichten Kopf«, einem günstigen vegetarischen Restaurant in einer malerischen Sackgasse, gibt es auch Sonntagsbrunch. ●

Koschere Küche

■ **King Solomon**
Široká 8
Josefov
Tel. 224 818 752
www.kosher.cz
So–Do 12–23 Uhr
Hier wohnte einst Rabbi Löw, der Schöpfer des Golems. Spezialität: Lammzunge »Opfer Abrahams«. ●●

Frisch gezapft

Zelebriert, nicht nur getrunken

Bier – pivo – wird in Prag nicht einfach nur getrunken, sondern zelebriert. Schon das Einschenken wird als hohe Kunst gepflegt. Der Schaum muss so dicht sein, dass ein Streichholz mindestens zehn Sekunden darin stehen bleibt. Und jeder Prager kann eine Kneipe nennen, in der der Schankkellner diese Kunst am perfektesten beherrscht.

160 Liter pro Kopf und Jahr

Die Tschechen sind Weltmeister im Biertrinken. Jeder Einwohner konsumiert im Schnitt 160 Liter jährlich, Export nicht mitgerechnet. Das weiche Quellwasser, der weltweit bekannte Saazer Hopfen und der Schimmelpilz in den Gär-

kellern machen die Qualität des berühmten »Pilsner Urquell« aus.

Wichtiges Unterscheidungskriterium beim Bier ist die Stammwürze. Vom hellen 7-grädigen, das die Bergleute schon zum Frühstück trinken, bis zum dunklen 14-grädigen reicht die Palette. Und je alkoholreicher das Bier ist, umso fester muss seine Krone sein. Na zdraví – prost!

Die Kunst des Brauens

Über die Entstehung des Biers kann man sich in der 500 Jahre alten Bierkneipe **U Fleků** (Křemencova 11, Neustadt, ●●) informieren. Im Gebäude der Mälzerei wird gezeigt, wie Prags kleine Brauereien einst arbeiteten. Im Gastgarten treffen sich vormittags (ab 9 Uhr geöffnet!) die Durstigen zum Frühschoppen.

Treffpunkt Bierkneipe

Was für die Polen die Kirche, war für die Tschechen einst die Bierkneipe. Als die verhassten Habsburger an der Macht waren, traf man sich in der »Hospoda«, der Kneipe, zur lautstarken Opposition gegen die Herrschenden. Hier trafen sich Arbeiter wie Intellektuelle. Jan Neruda, der bekannteste tschechische Schriftsteller jener Zeit, sagte einmal: »Wenn im Garten des Wirtshauses ,Zum weißen Löwen' der Baum auf die Gäste gestürzt wäre, wäre es mit der tschechischen Nation vorbei gewesen.«

■ **U černého vola (»Zum schwarzen Ochsen«), Loretánské náměstí 1, Hradčany.** In dem kleinen, gemütlichen Beisl gibt es süffiges 12-grädiges Ziegenbockbier und die typischen fetten Prager Würste. ●

■ **U dvou koček (»Zu den zwei Katzen«), Uhelný trh 10, Altstadt.** Unter Arkaden verborgen trinken mehr Einheimische als Touristen gut gezapftes Pilsner Urquell. Abends Livemusik (kostet Zuschlag!). ●

■ **U kalicha (»Zum Kelch«), Na Bojišti 12, Neustadt (Prag 2).** Da hier der brave Soldat Schwejk einkehrte, ist der »Kelch« das im Ausland bekannteste Lokal der Stadt – und so findet man hier fast nur Touristen. ●●

■ **U medvídků (»Zum kleinen Bär«), Na Perštýně 7, Altstadt.** Hier wird Budweiser vom Fass gezapft. Ähnlich

Beim Brauen zusehen

In den kleinen Brauereien kann man den Brauern noch bei der Arbeit zuschauen. In der **Novoměstský pivovar** (Neustädter Brauerei, Vodičkova 20, ●●) lassen Harmonikaspieler altböhmische Lieder zur gebratenen Schweinshaxe erklingen. Besonders sehenswert sind die Gasträume in den bemalten Gewölbekellern.

Eine eigene Brauerei mit Kupferkesseln hat auch das **Pivovarský dům** (Brauhaus, Lípová 15, Neustadt, ●), wo mehr Einheimische als Touristen einkehren.

wie im U Fleků geht es abends hoch her. ●

■ **U Pinkasů, Jungmannovo náměstí 15, Neustadt.** In diesem Lokal wurde das Pilsner Urquell erstmals außerhalb von Pilsen ausgeschenkt. Trotz umfangreicher Renovierung noch immer bezahlbar. ●●

■ **U zlatého tygra (»Zum goldenen Tiger«), Husova 17, Altstadt.** Spezialitäten dieser berühmten Altstadtkneipe sind Bierkäse und eingelegte Würstchen (»utopenci«). ●

Shopping

Internationale Designer bestimmen das Bild der mondänen Pariser Straße, im vollständig restaurierten Ungelt-Hof gibt es moderne tschechische Kunst zu kaufen, und zwischen Altstädter und Kleinseitner Ring liegt das Zentrum der Glas-, Granat- und Spielzeughändler, wo sich Modernes und Altertümliches findet. Nicht minder interessant sind die Einkaufspassagen der Neustadt. Schon immer spielte sich in den hellen gläsernen Galerien ein Gutteil des gesellschaftlichen Lebens der Stadt ab. Inzwischen wurden Kino- und Theatersäle durch Boutiquen und Cafés ergänzt.

Die lange Liste der traditionellen tschechischen Produkte wird vom böhmischen Exportartikel par excellence, dem Kristallglas, angeführt. Einen guten Ruf genießen außerdem die Lederverarbeitung – Handschuhe sind besonders empfehlenswert – und die Hutmode.

Preisgünstig sind tschechische CDs und Bücher. Die großen Buchhandlungen bieten eine breite Auswahl an Bildbänden und ins Deutsche übersetzter tschechischer Literatur an. In den zahlreichen Antiquariaten und Antiquitätenhandlungen kann man beim Stöbern wertvolle Stücke entdecken.

Beliebte Mitbringsel sind außerdem der – in Dosen verpackte – Prager Schinken, der Karlsbader Kräuterlikör Becherovka, Weine aus Südmähren sowie Absinth, der allerdings nicht jedermanns Geschmack ist.

Tschechien kennt kein Ladenschlussgesetz, und so können Sie sich Zeit lassen – die Supermärkte und Souvenirshops im Zentrum sind meist bis 21 Uhr geöffnet, auch am Wochenende! Die meisten Geschäfte akzeptieren Kreditkarten. Sehenswert sind die **Oster- und Weihnachtsmärkte** auf dem Altstädter Ring und Wenzelsplatz.

Antiquariate

■ **Antikvariát**
Pařížská 8, Altstadt
An den hohen Wänden hängen Tier- und Pflanzengrafiken sowie alte Landkarten und Stiche. Außerdem alte Zeichnungen vom 16-20. Jh.

■ **Judaica**
Široká 7, Josefov
Breite Auswahl alter und neuer Literatur zu Judentum und Holocaust. Sa geschl.

■ **Karel Křenek**
Národní 20, Neustadt
Große Auswahl sehr alter, wertvoller Bücher und Landkarten.

Antiquitäten

■ **Bríc à Brac**
Týnská 7, Altstadt
Der kleine bunte Trödelladen lädt zum Stöbern ein, mit Fortsetzung im zweiten Geschäft im Hinterhof.

■ **Dorotheum**
Ovocný trh 2, Altstadt
Wiener Auktionshaus, das unter andervem Möbel, Gemälde und Silber führt.
Mehrmals im Jahr Auktionen in Prager Hotels. So geschl.

■ **Jan Huněk**
V Celnici 10
(Passage Millennium Plaza)
Neustadt
Spezialisiert auf Uhren aus dem 20. Jh., alten Granatschmuck, Porzellanfiguren (z.T. aus Meissen), Silber und Sammlertassen.

■ **Václav Matouš**
Mikulandská 10, Neustadt
Spezialisiert auf wertvolle Taschenuhren. Sa und So geschl.

■ **Ungelt**
Týn 1, Altstadt
Rosenholzmöbel und neobarocke Sessel an der Außenmauer des Teynhofes.

Bücher

■ **Kanzelsberger**
Václavské náměstí 4, Neustadt
Bücher, Kalender, Postkarten und CDs auf vier Etagen.

■ **Neo Luxor**
Václavské náměstí 41, Neustadt
Größter Buchladen der Stadt mit kleinem Café im ersten Stock.

■ **Vitalis**
U lužického semináře 19
Kleinseite
Diese Buchhandlung eines kleinen Verlags knüpft eng an der Tradition der deutschen Literatur in Prag an.

CDs

■ **Bontonland**
Václavské náměstí 1, Neustadt
Hier finden Sie die größte Auswahl an CDs in ganz Prag.

■ **Bazar**
Krakovská 4, Neustadt
Eine Riesenauswahl an Secondhand-CDs und LPs! So geschl.

■ **Musica Bona**
www.musicabona.com
Riesensortiment an klassischer Musik, verschickt von Prag aus in die ganze Welt, allerdings nur per Internet.

Fotoapparate

■ **Jan Pazdera**
Vodičkova 28, Neustadt
Riesige Auswahl gebrauchter Geräte sowie Zubehör, auch optische Instrumente. So geschl.

Echt gut!

Die schönsten Einkaufspassagen

■ Ein Erlebnis ist das neueste Einkaufszentrum **Palladium,** Náměstí Republiky 1, Neustadt.
■ Klassisch ist die Einkaufspassage **Lucerna** mit Café und Kino, Štěpánská 61/Vodičkova 36, Neustadt.
■ Das beste Glas gibt es bei Moser in der Passage **Černá růže** (»Schwarze Rose«), Na Příkopě 12, Neustadt.
■ Eine tolle Glasarchitektur der 1930er-Jahre bietet die **Rokoko-**Passage mit eigenem Theater, Václavské náměstí 38, Neustadt.
■ Modern ist die **Myslbek**-Passage mit vielen Geschäften, Na Příkopě 19, Altstadt.
■ Die größte Shoppingmall am Rand des Zentrums bei der Metrostation Anděl ist **Nový Smíchov,** Plzeňská 8, Smíchov (Prag 5).

■ **Foto Škoda**
Vodičkova 37
Neustadt
Vor allem neue Apparate und Dienst-
leistungen im schönsten Prager Foto-
geschäft. So geschl.

Glas und Porzellan

■ **Český porcelán**
Perlová 1
Altstadt
Zwiebelmustergeschirr direkt von tra-
ditionellem Hersteller aus Nordböhmen
– preiswert und schön. So geschl.

■ **Erpe**
Staroměstské náměstí 27
Altstadt
Fachgeschäft mit Riesenauswahl an
Glas und Porzellan mit mehrsprachiger
Bedienung. Liefert direkt ins Hotel oder
nach Hause.

Eine Pracht: böhmisches Kristall

■ **Moser**
Na Příkopě 12, Neustadt
Das schönste Prager Glasgeschäft in
der Grabenstraße führt Kristallglas
ohne Bleizusatz. Hochwertiges hat
aber natürlich seinen Preis!

■ **Wedgwood**
Vodičkova 28 (Passage U Nováků)
Neustadt
Englisches Porzellan, Kupfertöpfe und
stilvolles Zubehör. So geschl.

Jugendstil

■ **Art Décoratif**
U Obecního domu 2 und
Melantrichova 5
Altstadt
Vasen, Schalen, Tücher und Schmuck
im tschechischen Jugendstil nach den
Originalentwürfen Muchas.

■ **Mucha-Shop**
Panská 7, Neustadt
Verkauf von Postkarten, Postern und
Kalendern im Museumsladen des
Mucha-Museums.

Kaufhäuser

■ **Debenhams**
Václavské náměstí 21
Neustadt
Britische Kaufhauskette: größtenteils
Kleidung und Heimeinrichtung, auch
Lebensmittelabteilung.

■ **Tesco**
Národní 26
Neustadt
Britische Supermarktkette, größtenteils
Lebensmittel.

Märkte

■ **Gallusmarkt**
Havelská, Altstadt
Obst, Gemüse und Souvenirs, tgl. von
morgens bis abends.

■ **Gemüsemarkt**
Hinter der Metrostation Národní třída
Neustadt
Jede Menge Obst und getrocknete
Früchte.

Mode

■ **Baťa**
Václavské náměstí 6
Neustadt
Stammhaus des weltberühmten Schuh-
Kaufhauses: Große Auswahl an preis-
günstigen Modellen.

■ **Delmas**
Na Příkopě 19 (Myslbek-Passage)
Altstadt
Große Auswahl an hochwertigen Hand-
taschen und anderen Lederprodukten,
zum Teil aus einheimischer Produktion.

■ **Escada**
Pařížká 23
Altstadt
Filiale des international bekannten
deutschen Labels: Designermode für
die Dame.

■ **Galerie Heleny Fejkové**
Štěpánská 61 (Lucerna-Passage)
Neustadt
Extravagant-schicke, detailverliebte
Designermode tschechischer Herkunft
für Damen und Herren. So geschl.

■ **Hermès**
Pařížká 12
Altstadt
Herrliche Hals- und Badetücher zu
fürstlichen Preisen.

■ **Model**
Václavské náměstí 28
Neustadt
Ein Paradies für Hutliebhaber:
von schlicht bis ausgefallen in allen
erdenklichen Farben und Größen.
Dazu passende Accessoires wie
Ansteckblumen.

■ **Beata Rajská**
Ovocný trh 11, Altstadt
Raffiniert-elegante Frauen-Designer-
mode von der preisgekrönten Ausstat-
terin der Miss Tschechien.

■ **Wilvorst**
U Prašné brány 1–3
Altstadt
Schöne, etwas konservative Frauen-
und Männermode, spezialisiert auf
festliche Kleidung.

■ **Adam Steiner**
Václavské náměstí 24
Neustadt
Klassische Herrenmode von der Kra-
watte bis zum Smoking. So geschl.

Musikinstrumente

■ **Dům hudebních nástrojů**
Jungmannovo náměstí 17
Neustadt
Fünf separate Geschäfte im »Haus der
Musikinstrumente« bieten von der
Mundharmonika bis zum Flügel alles
an. So geschl.

■ **Talacko**
Rybná 29, Altstadt
Große Auswahl an Noten für Klavier
und andere Instrumente. So geschl.

Schmuck und moderne Kunst

■ **Black Diamond**
Václavské náměstí 28
Neustadt
Gold- und Granatschmuck.

■ **Cinolter**
Maiselova 9, Josefov
Diamanten, antiker Schmuck und
Gemälde.

■ **Komodo**
Vodičkova 28
Neustadt
Kleine Einrichtungsgegenstände und
Kunst aus Übersee. So geschl.

■ **Miss Bijoux**
Václavské náměstí 23
Neustadt
Nordböhmische Bijouterie, Perlen und Modeschmuck.
■ **Swarovski**
Pařížská 16, Josefov
Funkelnder Schmuck aus geschliffenem Kristall, z.B. Granat, Rubin, Glas; auch Fabergé-Eier.

Spezialitäten
■ **Botanicus**
Týn 3, Altstadt
Ein wohlriechendes Paradies für Mitbringsel wie Öl, Essig, Gewürze, Tee, getrocknete Früchte, Seifen und vieles mehr. Im Zentrum gibt es noch weitere Filialen.
■ **Country Life**
Melantrichova 15, Altstadt
Öko-Lebensmittel und gutes vegetarisches Selbstbedienungsrestaurant. Sa geschl.
■ **Culinaria**
Skořepka 9, Altstadt
Gesunde Lebensmittel in hoher Qualität mit guter Beratung.
■ **Čajový Krámek**
Národní 20, Neustadt
Riesenauswahl an Tee. So geschl.
■ **Jan Paukert**
Národní 17, Altstadt
Spirituosen, Wurst, Schinken und kleine Snackbar. So geschl.

Spielzeug
■ **Bejvávalo**
Jilská 22, Altstadt
Handgemachte Marionetten aus einheimischer Produktion.
■ **Sparkys**
Havířská 2, Altstadt
Paradies für modernes Spielzeug.

■ **V Ungeltu**
Týn 10, Altstadt
Holzspielzeug und Marionetten im Teynhof.

Volkskunst
■ **Manufaktura**
Melantrichova 17 und Karlova 26
Altstadt
Küchengeräte aus Holz, Keramik, Stoffe, bemalte Ostereier, Kerzen.
■ **Sanu Babu**
Michalská 20, Altstadt
Leinen und andere hochwertige Textilien, asiatische Kunst.
■ **Tupesy**
Havelská 21, Altstadt
Wer volkstümliche böhmisch-mährische Handwerkskunst aus Naturmaterialien, vor allem Keramik und Holz, sucht, ist hier goldrichtig.

Wein
■ **Cellarius**
Štěpánská 61 (Lucerna-Passage)
Neustadt
Großes Angebot tschechischer Weine im Herzen der Passage.
■ **La Casa de Cigarros y del Vino**
Na Příkopě 12 (Passage Černá růže)
Neustadt
Traumhaus für Genießer: Regale voller Wein aus Mähren und aller Welt sowie Zigarren aus der Karibik.

Öffnungszeiten
Die üblichen Öffnungszeiten sind Mo–Fr 9–18 Uhr, Sa bis 14 Uhr. Modegeschäfte öffnen oft erst um 10 Uhr, Kaufhäuser und Souvenirgeschäfte im Zentrum sind täglich für ihre Kunden da.

Am Abend

Das Nachtleben in Prag ist abwechslungsreich und experimentierfreudig. An nur einem Abend kann man zwischen mindestens zehn Konzerten in Kirchen und barocken Palais und ebenso vielen Auftritten von Jazzmusikern wählen. Gab es bis zur Wende 1989 nur zwei »Schwarzlichttheater«, bewegen sich inzwischen auf acht tiefschwarzen Bühnen scheinbar schwerelos Hüte, Musikinstrumente und Alice im Wunderland. Einzig die Laterna magika – eine überaus fantasievolle Verbindung von Film, Tanz und Pantomime – ist bislang nicht kopiert worden.

Prag zählt seit Jahrzehnten zu den wichtigsten europäischen Jazz-Zentren. Während der sozialistischen Ära bot die Szene Regimekritikern ein Podium. Heute beeindruckt sie durch die breite Palette von Bands, die vom traditionellen Dixieland einheimischer Provenienz über nostalgischen Swing bis zu den Trendsettern der Avantgarde reicht. Ein traditionelles Jazzfestival steht jedes Jahr Ende Oktober auf dem Programm.

Rockkonzerte fanden vor der Revolution meist im »Underground« statt. Heute wiederum kämpfen die tschechischen Rocker gegen die Übermacht der allgegenwärtigen US-Bands an. Im ganzen Land ist amerikanischer Folk sehr beliebt. Das hängt mit der Wanderfreude der Tschechen und ihrer lange unterdrückten Sehnsucht nach mehr persönlicher Freiheit zusammen.

Freiluftaufführung der Oper »La Traviata« im Palais Liechtenstein

Theater und Oper

■ **Národní divadlo (Nationaltheater)**
Národní 2
Neustadt
Tel. 224 901 448
www.narodni-divadlo.cz
Opern- und Ballettaufführungen.

■ **Stavovské divadlo (Ständetheater)**
Ovocný trh 1
Altstadt
Tel. 224 901 448
www.narodni-divadlo.cz
Hier fand 1787 die Uraufführung von
Mozarts »Don Giovanni« statt.

■ **Státní opera (Staatsoper)**
Wilsonova 4
Neustadt
Tel. 224 227 266
www.opera.cz
Renommierte Spielstätte, überwiegend
für Opern von Richard Wagner und
Giuseppe Verdi.

■ **Laterna magika**
Národní 4
Neustadt
Tel. 224 931 482
www.laterna.cz
Einmalige multimediale Synthese von
Ballett, Musik und Projektion seit 1958
〉 S. 124.

■ **Divadlo Metro**
Národní 25 (Metro-Passage)
Altstadt
Tel. 221 085 276
www.blacktheatreprague.cz
Satirisch, ironisch, intelligent. Der
Gründer, František Kratochvil, besitzt
das einzige Patent für Schwarzes
Theater.

■ **Ta Fantastika**
Karlova 8
Altstadt
Tel. 222 221 369
www.tafantastika.cz

Schwarzes Theater und kleinere
Musicals.

■ **Hudební divadlo Karlín (Musik-
theater Karlín)**
Křižíkova 10
Karlín (Prag 8)
Tel. 221 868 666
www.hdk.cz
Klassische Bühne für Operetten und
Musicals mit sehenswerten Inszenie-
rungen.

■ **Národní divadlo marionet**
Žatecká 1, Altstadt
Tel. 224 819 323
www.mozart.cz
Marionettentheater mit zwei Stücken:
»Don Giovanni« und »Yellow Sub-
marine«.

Bars und Diskotheken

■ **Bar and Books**
Týnská 19, Altstadt
Die amerikanisch angehauchte, in
tiefes Dunkelrot getauchte Bar serviert
leckere Cocktails, Whiskey und feine
Zigarren.

■ **Karlovy lázně**
Novotného lávka 13
Altstadt
Größte Disco Mitteleuropas in einer
ehemaligen Badeanstalt mit fünf
verschiedenen Tanzflächen für die
Jugend von heute.

■ **Radost FX**
Bělehradská 120
Vinohrady (Prag 2)
Trendige Diskothek der hier ansässigen
Amerikaner mit den bekanntesten DJs
und wechselndem Programm. Tolle Bar
und kleines vegetarisches Café.

■ **Tretter's Cocktail Bar**
V Kolkovně 3, Altstadt
Trendige Bar mit den angesagtesten
Cocktails. Sehen und gesehen werden.

Die Trenddisko »Radost FX« zieht Vergnügungssüchtige magnetisch an

Musikklubs

■ La Fabrique
Uhelný trh 2, Altstadt
Angesagte Mischung aus Bar, Disco und Restaurant in einem Gewölbekeller für die schöne Jugend von heute.

■ Lucerna
Vodičkova 36, Neustadt
Musikbar mit klassischer tschechischer Rockmusik, wo die größten Rockstars des Landes Station machen.

■ Rock Café
Národní 20, Neustadt
Einer der ersten Rockklubs nach der Wende mit wechselndem Programm.

■ Roxy
Dlouhá 33, Altstadt
Experimentelle Disco mit Funk und Rock, Performances, indischem Tanz und anderen Events.

Jazzklubs

■ Agharta
Železná 16, Altstadt
Gilt als einer der besten Jazzklubs Prags, veranstaltet Konzerte internationaler Spitzenkünstler.

■ Reduta
Národní 20, Neustadt
Der traditionsreichste Jazzklub der Stadt. Prominentester Gast war der amerikanische Ex-Präsident Bill Clinton, der hier bei seinem Staatsbesuch in Tschechien Saxophon spielte.

■ USP Jazz Lounge
Michalská 9, Altstadt
Jazzklub und Restaurant im kleinen Hotel »Zur alten Dame«.

Programminfos
Wöchentliche Kulturprogramme (»Metropol« oder »Houser«) liegen in Bars und Cafés aus. Veranstaltungstipps finden sich in den Wochenzeitungen »Prager Zeitung« (deutsch) und »Prague Post« (englisch).
Ticketpro führt ein computergestütztes Buchungssystem für Eintrittskarten: Rytířská 12, Altstadt, Tel. 296 333 333, www.ticketpro.cz

Land & Leute

Steckbrief][Geschichte im Überblick][
Natur und Umwelt][Die Menschen][
Kunst und Kultur][Feste und
Veranstaltungen

Prag

Verwaltungseinheiten: Prag ist in 22 Stadtbezirke unterteilt
Sprache: Tschechisch
Religion: überwiegend Atheisten und Katholiken, daneben auch Hussiten und andere
Landesvorwahl: 00420
Währung: Tschechische Krone (Kč oder CZK)
Zeitzone: MEZ

Fläche: 496 km²
Geografische Lage: 50° 05′ nördlicher Breite (wie Frankfurt/Main), 14° 25′ östlicher Länge (wie Berlin)
Einwohnerzahl: 1,2 Mio.
Bevölkerungsdichte: 2443 Einwohner pro km²
Bevölkerung: fast ausschließlich Tschechen, kleine jüdische Gemeinde, kleinere Gruppen Sinti und Roma

Lage

Von der Burgrampe, dem meistbesuchten Aussichtspunkt des Landes, hat man einen überwältigenden Blick auf den historischen Stadtkern mit den sich an das Moldauknie schmiegenden fünf Stadtteilen Burgviertel, Kleinseite, Altstadt, Josephstadt und Neustadt, die 1784 zu einer Gesamtstadt zusammengefasst wurden. Durch Eingemeindung von Vororten wurde das Stadtgebiet auf die heutige Fläche erweitert.

18 Brücken verbinden heute die Moldauufer, die berühmteste ist die Karlsbrücke (> S. 75). Die acht Moldauinseln wurden bereits gegen Ende des 18. Jhs. befestigt, seit dem 19. Jh. wird der Fluss großräumig reguliert.

Doch die Moldau hat bei der Flutkatastrophe im August 2002 gezeigt, was sie noch immer kann – Teile von Altstadt und Kleinseite sowie die Stadtteile Karlín, Holešovice und Smíchov waren überflutet, der Schaden ging in Milliardenhöhe.

Staat und Politik

Prag ist seit Beginn der Stadtgeschichte Regierungssitz der böhmischen Herrscher. Unter den Kaisern Karl IV. und Rudolf II. war es auch Zentrum des Heiligen

Römischen Reichs Deutscher Nation. 1918 wurde Prag Hauptstadt der neu entstandenen Tschechoslowakei, 1993 nach der Trennung von der Slowakei Hauptstadt der Tschechischen Republik (ČR).

Prag ist unbestrittenes politisches, wirtschaftliches und kulturelles Zentrum Tschechiens. Hier haben beide Kammern des Parlaments, die Regierung und der Staatspräsident ihren Sitz. Prag wird von einem Stadtparlament mit dem Primator (Bürgermeister) an der Spitze verwaltet.

Die beiden größten Parteien sind die aus dem Bürgerforum hervorgegangene neoliberale Bürgerlich-Demokratische Partei (ODS) und die Sozialdemokraten (ČSSD), die nach der Revolution abwechselnd an der Regierung waren. Seit 2007 bildet die ODS zusammen mit den kleineren Parteien KDU-ČSL und Grüne die Regierung. Staatspräsident ist seit 2003 Václav Klaus.

Wirtschaft

In den ersten Jahren nach 1989 lief alles besser als erwartet. Die Privatisierung ging schnell voran, die Krone wurde konvertibel, der Haushalt war ausgeglichen, die Arbeitslosigkeit Tschechiens lag bei 3,5 %. In Prag, wo sich schon immer mehr als 10 % der Industrie des Landes konzentrierten, war die Situation noch besser.

Doch bald wurden die zu schnell wachsenden Einkommen zu einem Problem. Viele Unternehmen legten ihre wachsenden

Kosten auf die Preise ihrer Produkte um und verloren dadurch auf dem europäischen Markt ihren bisherigen Preisvorteil. Immer weniger wurde nun exportiert, zu viele Elektrogeräte und Lebensmittel importiert. Die Handelsbilanz verschlechterte sich rapide. Der Zusammenbruch von Banken und Versicherungsgesellschaften erschütterte das Land, Tausende verloren ihre Ersparnisse.

Der gerade in den letzten Jahren stark gestiegene Kurs der Krone gegenüber dem Euro führte zu einem erneuten Aufschwung. Die Tschechen haben nun mehr Geld zur Verfügung und sind angesichts ausbleibender amerikanischer Touristen praktisch die Einzigen, die sich teure Restaurants in Prag leisten können. Kein Wunder, dass der Finanzminister die Einführung des Euro noch lange hinauszögern möchte, auch wenn die Slowakei bereits Anfang 2009 auf die europäische Einheitswährung umstellt hat.

Tourismus

Der Boom in der Hauptstadt ist nicht zuletzt auf den rasant angewachsenen Tourismus zurückzuführen. 1993 waren 2,7 Mio. übernachtende Gäste aus dem Ausland zu verzeichnen, 1999 bereits 5,6 Mio. Seither ist die Entwicklung weniger sprunghaft: 2007 kamen 6,7 Mio. Reisende nach Tschechien, 23 % davon aus Deutschland.

Geschichte im Überblick

5./6. Jh. Westslawen siedeln im Gebiet des heutigen Prag.

850–895 Herzog Bořivoj I., der erste historisch fassbare Přemyslide, einigt die tschechischen Stämme und errichtet die ersten Bauten auf dem heutigen Burgberg.

874 Bořivoj lässt sich vom Slawenapostel Methodios taufen.

10./11. Jh. Jüdische und deutsche Kaufleute lassen sich in Prag nieder.

921 Václav (Wenzel) »der Heilige« wird Herzog Böhmens.

973 Prag wird Bistum.

1231 Die Altstadt bekommt das Stadtrecht und wird befestigt.

1257 König Přemysl Otakar II. gründet auf der heutigen Kleinseite eine Stadt für deutsche Kolonisten.

1320 Gründung des Hradschin als dritte der Prager Städte nach Altstadt und Kleinseite.

1344 Prag wird Erzbistum, Baubeginn am St.-Veits-Dom.

1346–1378 Karl IV. wird böhmischer König und deutscher Kaiser; er sorgt für rege Bautätigkeit (z. B. Neustadt und Karlsuniversität 1348) und macht Prag zur Metropole des Reichs.

1357 Der Bau der Karlsbrücke wird in Angriff genommen.

1378–1419 Wenzel IV. regiert Böhmen; soziale Unruhen.

1402 Jan Hus wirkt als Prediger an der Bethlehemskapelle und fordert eine Rückbesinnung auf die ursprünglichen Glaubenssätze des Christentums.

1409 Der König ändert das Universitätsstatut zugunsten der Tschechen; deutsche Studenten und Professoren verlassen die Universität.

1415 Jan Hus wird vom Konzil in Konstanz als Ketzer zum Tod auf dem Scheiterhaufen verurteilt.

1419 Erster Prager Fenstersturz. Eine vom radikalen Prediger Jan Želivský angeführte Menschenmenge wirft Ratsherren aus dem Fenster des Neustädter Rathauses.

1420–1431 Hussitenkriege. Unter ihrem Feldherrn Jan Žižka erringen die Hussiten beachtliche Siege; ihre religiösen Forderungen werden erfüllt.

1458–1471 Der »Hussitenkönig« Jiří z Poděbrad regiert das Land.

1526 Die böhmische Krone fällt durch Erbverträge an die Habsburger. Ferdinand I. besteigt den Thron.

1541 Nach einen Großbrand werden das Burgviertel und die Kleinseite im Renaissancestil neu aufgebaut.

1556 König Ferdinand I. von Böhmen ruft die Jesuiten ins Land, um die protestantische Bewegung zu unterdrücken.

1576–1612 Unter Kaiser Rudolf II. wird Prag erneut zur Reichsmetropole. Er ruft bedeutende europäische Künstler und Wissenschaftler an seinen Hof.

1618 Der Zweite Prager Fenstersturz löst den Dreißigjährigen Krieg aus.

1621 Auf dem Altstädter Ring werden 27 protestantische Adelige hingerichtet.

1741–1742 Französische, preußische und bayerische Truppen besetzen im Zuge des Österreichischen Erbfolgekriegs die Stadt.

1781 Toleranzpatent Josephs II.; Erneuerung der Glaubensfreiheit und Auflösung der Klöster.

1784 Hradschin, Kleinseite, Josephstadt, Altstadt und Neustadt werden zu einer Verwaltungseinheit.

1848 Slawischer Kongress und Revolution in Prag.

1882 Spaltung der Prager Universität nach Nationalitäten.

1885 Gesetz zur Assanierung (Verbesserung der Bebauung) der Judenstadt.

1918 Tomáš G. Masaryk ruft die Tschechoslowakische Republik aus; Spannungen zwischen den nationalen Gruppen des jungen Vielvölkerstaats.

1938 Münchner Abkommen. Die sudetendeutschen Gebiete fallen an Hitlerdeutschland.

1939 Deutsche Okkupation. Errichtung des »Protektorats Böhmen und Mähren«.

1945 Prager Aufstand und Ende des Zweiten Weltkriegs; Vertreibung der Sudetendeutschen.

1948 Gewaltlose Machtergreifung der Kommunistischen Partei, die Tschechoslowakei wird Volksrepublik.

1960 Das Land wird nach einer Verfassungsreform in »Tschecho-

Jan-Hus-Denkmal (Altstädter Ring)

slowakische Sozialistische Republik« (ČSSR) umbenannt.

1968 Die politische Reformbewegung »Prager Frühling« unter Führung von Alexander Dubček wird durch den Einmarsch von Truppen des Warschauer Pakts gewaltsam unterdrückt.

1969 Der Student Jan Palach verbrennt sich aus Protest gegen die Besetzung des Landes.

1973 Unterzeichnung der Ostverträge und Wiederaufnahme diplomatischer Beziehungen zwischen ČSSR und BRD.

1974 Bau der ersten Metrolinie.

1977 Gründung der Menschenrechtsbewegung »Charta 77«.

1989 Die »Samtene Revolution« beendet die Herrschaft der Kommunistischen Partei.

1990 Aus den ersten freien Wahlen geht das »Bürgerforum« als stärkste politische Gruppierung hervor; der Dramatiker und politische Schriftsteller Václav Havel wird zum ersten Präsidenten der Tschechoslowakischen Föderativen Republik (ČSFR) gewählt.

1992 Tschechen und Slowaken einigen sich auf die Bildung zweier separater Staaten.

1993 Prag wird Hauptstadt der Tschechischen Republik (ČR), Václav Havel Staatspräsident.

1999 Tschechien tritt der NATO bei.

2002 Die größte Überflutung in der Geschichte Prags fügt dem historischen Zentrum schwere Schäden zu.

2003 Václav Klaus löst Václav Havel als Staatspräsident ab.

2004 Tschechien wird offiziell Mitglied der Europäischen Union.

2007 Prag feiert ausgiebig das 650-Jahr-Jubiläum der Karlsbrücke.

2008 Tschechien wird Mitglied des Schengen-Raums, die Personenkontrollen entfallen.

Natur und Umwelt

Laut einer internationalen Studie der Yale-Universität belegt Tschechien im Jahr 2008 nur den 68. Platz auf der Liste des weltweit erhobenen »Environmental Performance Index«. Mit einem Wert von 76,8 % lag es weit abgeschlagen hinter vielen anderen europäischen Ländern. In den Wert flossen Daten aus 25 Bereichen wie Luft- und Wassersituation, Energiepolitik etc. ein, jeweils bezogen auf die Wirtschaftskraft des Landes. Die Schweiz führt die Liste mit 95,5 % an, Deutschland kommt auf 86,3 %.

Schuld am schlechten Abschneiden Tschechiens haben vor allem die hohen CO_2- und Treibhausgas-Emissionen, aber auch die große Zahl an regulierten Flüssen und der sehr schlechte Zustand der Wälder, besonders im Erz- und Riesengebirge. Auch die Einführung neuer Umweltgesetze führte bisher nicht zu entscheidenden Verbesserungen, da die Wirtschaft noch immer einen zu hohen Energieverbrauch aufweist. Die modernisierten Kohlekraftwerke wurden unter österreichischem Protest 2002 um das südböhmische Kernkraftwerk Temelín ergänzt.

Die durch Industrieabgase und übermäßigen Autoverkehr belastete Luft bleibt im Moldaukessel, in dem Prag liegt, hängen. Dank modernisierter Heizungen hat sich die Situation in den vergangenen Jahren jedoch wieder verbessert.

Die Menschen

Gegründet wurde die Stadt von slawischen Siedlern, und bis heute machen die Tschechen als Abkömmlinge westslawischer Stämme den weitaus größten Teil der Bevölkerung aus. Im Mittelalter riefen die Herrscher deutsche Kolonisten ins Land, die unbesiedelte Landstriche urbar machten und Städte gründeten. Als Prag im 14. Jh. unter Karl IV. mit über 40 000 Einwohnern zur größten Stadt Mitteleuropas heranwuchs, avancierte die deutsche Minderheit zu einer einflussreichen Bevölkerungsgruppe.

Kulturell und wirtschaftlich bedeutend war zu dieser Zeit auch die jüdische Minderheit, deren Angehörige sich allerdings nur innerhalb der sogenannten Judenstadt niederlassen durften.

In den folgenden Jahrhunderten durchlebte die deutsche Bevölkerung ein wechselvolles Schicksal: Durch die Hussitenkriege wurde sie bis auf einen verschwindenden Rest dezimiert – ein Aderlass, von dem sie sich erst unter den Habsburgern wieder erholte. Als nach dem Dreißigjährigen Krieg der Regierungssitz endgültig nach Wien verlegt wurde, verlor Prag seine traditionelle Bedeutung. Deutsch wurde offizielle Verwaltungssprache, das Tschechische verkam zum Bauern- und Dienstbotendialekt.

Das erwachende Nationalbewusstsein Mitte des 19. Jhs. führte bei den Tschechen zu einer Rückbesinnung auf die eigenen kulturellen und sprachlichen Wurzeln. Mit der industriellen Revolution, die die verarmte Landbevölkerung in Massen in die Städte trieb und der Landeshauptstadt zu einem sprunghaften Wachstum verhalf, verloren die Deutschen wieder merklich an Einfluss. Lag ihr Anteil gegen Ende des 19. Jhs. gerade noch bei 5 %, verschwand dieser Rest mit der Vertreibung der Sudetendeutschen nach dem Zweiten Weltkrieg.

Inzwischen zählen deutsche Unternehmen zu den bedeutenden Investoren in Tschechien. Seit Mitte der 1990er-Jahre haben sich

47

Grüne Oasen

In Anbetracht des innerstädtischen Häusermeers will man kaum glauben, dass fast die Hälfte des Stadtgebiets von Grünflächen bedeckt ist. Einige dieser grünen Inseln sind als Naturschutzgebiete ausgewiesen und eignen sich gut für erholsame Spaziergänge – beachten Sie aber die Besucherordnung.

Laurenziberg

Drei große Parkanlagen auf der linken Moldauseite bieten sich für ausgedehnte Spaziergänge an. Da ist zunächst der Hausberg der Prager, der 318 m hohe Laurenziberg (Petřín), auf den man am besten mit der Standseilbahn von der Straße Újezd auf dem Kleinseitner Moldauufer gelangt.

Südlich, hinter der von Karl IV. errichteten Hungermauer, schließt sich der Kinský-Garten an. An der Nordseite geht der Park in den zur Deutschen Botschaft gehörenden (nicht zugänglichen) Lobkowitz-Garten über, in dem 1989 mehr als 4000 DDR-Flüchtlinge Zuflucht fanden. Durch den Strahov-Park gelangt man zum gleichnamigen Kloster. Hauptanziehungspunkt der barocken Anlage sind heute die beiden Bibliothekssäle (❯ S. 111).

Letná-Park

Der weitläufige Letná-Park liegt auf einem hohen Plateau über der Moldau gegenüber der Altstadt. Hat man die vielen Stufen erklommen, bietet sich ein herrlicher Blick über die Stadt. Oben tickt ein riesiges Metronom, das an den Lauf der Zeit gemahnen soll. Der Hanauer Pavillon, ein Prunkstück des Jugendstils, birgt ein Restaurant mit schöner Aussichtsterrasse (❯ S. 26).

Der Baumgarten

Der Baumgarten (Stromovka) liegt nördlich des Letná-Parks an der Moldauschleife. Rudolf II. ließ hier ein Lustschloss erbauen. An der Südostseite schließt sich das 1891 errichtete Ausstellungsgelände (Výstaviště) an, das in den 1950er-Jahren zu einem attraktiven Erholungsgebiet umgestaltet wurde.

viele Amerikaner in Prag niedergelassen und sorgen für eine Art Prager US-Lifestyle. Auch die jüdische Bevölkerung, die von den Nationalsozialisten nahezu ausgerottet worden war, erfährt in jüngster Zeit eine Wiederbelebung durch Zuzüge aus dem Ausland.

Sprachen in Prag

Tschechisch ist eine slawische Sprache in lateinischer Schrift und mit dem Slowakischen verwandt. Von den Touristen wird die Kenntnis der lokalen Sprache nicht erwartet, doch allein die Einübung einiger Redewendungen öffnet häufig Tür und Tor (> Mini-Dolmetscher S. 144).

Englisch ist in Prag die vorherrschende touristische Sprache, auch lernen Schüler längst schon Englisch statt Russisch. Die meisten Ausschilderungen sind inzwischen sowohl in Tschechisch als auch in Englisch beschriftet.

Nur noch selten wird Deutsch für Aufschriften verwendet. In Prag sprechen eher die älteren Bewohner noch Deutsch mit böhmischem Akzent, der wegen der Umgehung der deutschen Umlaute recht hart klingt. Derzeit erlebt das Russische eine kleine Renaissance.

Kunst und Kultur

In mehr als 1000 Jahren haben Bildhauer und Architekten, Maler und Literaten, Musiker und Wissenschaftler unvergängliche Werke geschaffen. Als einzigartiges architektonisches Ensemble vereinigt Prag alle kunstgeschichtlichen Stilepochen von der Romanik bis zur Moderne – deshalb steht das Zentrum auf der Liste des UNESCO-Weltkulturerbes.

Zur Baugeschichte Prags

Vor- und frühgeschichtliche Funde belegen, dass das Gebiet des heutigen Prag bereits während der Steinzeit besiedelt wurde. Ins Licht der Geschichte tritt dieser Raum aber erst mit der Ankunft der slawischen Stämme, die sich hier im 4. und 5. Jh. n. Chr. niederließen. 300 Jahre später begründeten sie mit der Besiedlung auf dem Burgberg das heutige Prag.

Die ersten Fürsten aus dem Geschlecht der Přemysliden errichteten dort eine hölzerne Burg und setzten damit das Startsignal für eine fast 1000-jährige Baugeschichte, in deren Verlauf die Prager Burg ihr heutiges Gesicht erhielt. Der Vyšehrad, die Festung auf dem gegenüberliegenden Moldauufer, wurde im Lauf des 10. Jhs. angelegt und löste für einige Zeit die Prager Burg als Herrschersitz ab. Zwischen diesen beiden Burgen entwickelte sich die Stadt.

Das romanische Prag

Von den romanischen Bauten blieben nur wenige erhalten, darunter die St.-Georgs-Basilika der Burg, in der sogar noch vorromanische Elemente des frühen 10. Jhs. zu erkennen sind. Eine Besonderheit sind die romanischen Rotunden, von denen es nur noch vier gibt. Bei der Sanierung der Altstadt zu Beginn des 20. Jhs. entdeckte man zahlreiche romanische Kellergewölbe, auf denen in späteren Stilepochen Gebäude errichtet wurden – prominentestes Beispiel ist der St.-Veits-Dom.

Das gotische Prag

Die heutige Altstadt war ursprünglich durch eine Mauer und dreizehn Türme befestigt. Im 13. Jh. errichteten bayerische Kolonisten innerhalb der Stadtmauern die sogenannte Gallusstadt, von deren ursprünglichem Aussehen man sich in der Gallusgasse einen Eindruck verschaffen kann. Die wohlhabende jüdische Gemeinde demonstrierte ihr wachsendes Selbstbewusstsein mit dem Bau der Altneusynagoge.

Die Kleinseite wurde im Jahr 1257 von Siedlern aus Norddeutschland gegründet. Sie gruppiert sich um einen rechteckigen Platz, den heutigen Kleinseitner Ring, der von der gotischen St.-Niklas-Kirche dominiert wurde. Die Kirche wurde später – wie das gesamte Viertel – barockisiert.

Einen großen Entwicklungsschub erfuhr die Stadt unter Kaiser Karl IV. (König von Böhmen 1346–1378, Kaiser seit 1355). Er erweiterte das Stadtbild um die Neustadt, gründete 1348 mit der Karlsuniversität (Karolinum) die erste wissenschaftliche Hochschule diesseits der Alpen und ließ das Bistum Prag zum Erzbistum erheben. Aus diesem Anlass legte er auch den Grundstein für den St.-Veits-Dom.

Renaissancearchitektur in Prag

Ihren endgültigen Einzug hielt die Renaissance 1526 mit dem Machtantritt des Habsburgers Ferdinand I., der u.a. das königliche Lustschloss Belvedere erbaute. Sein Beispiel machte bei vielen Adeligen Schule, die nun ihrer-

Echt gut!

Die schönsten Prager Kirchen

- Die wichtigste Kirche des Landes ist der **St.-Veits-Dom** 〉 S. 102 auf der Prager Burg mit der historisch bedeutenden Wenzelskapelle und dem »Sigmund«, der größten Glocke Böhmens.
- Das Hauptwerk des böhmischen Barock ist die **St.-Niklas-Kirche** 〉 S. 92 mit einem 1500 m² umfassenden Deckenfresko.
- In der Kirche **St. Maria de Victoria** 〉 S. 94 übt vor allem das Prager Jesulein mit seinen 60 Kleidern eine große Anziehungskraft aus.
- Die **Jakubskirche** 〉 S. 68 mit ihrer prächtigen Marienstatue bietet die beste Akustik für Kirchenkonzerte.

seits Prachtbauten wie das Palais
Schwarzenberg errichteten. Eine
große Feuersbrunst, die 1541
Burg und Kleinseite erfasste,
nutzte Ferdinand zu einem umfassenden Umbau der zerstörten
Stadtteile im Stil der Renaissance.
In den Schatten gestellt wurde er
von seinem Enkel Rudolf II., der
Prag erneut zur Metropole des
Reichs machte. Der kaiserliche
Mäzen richtete sein Interesse aber
weniger auf eine ausgeprägte Bautätigkeit als auf die Förderung der
darstellenden Künste.

Die gotische Teynkirche

Prag und das Barock

Die grandiose Barockarchitektur
der Stadt ist weitgehend der
Prunksucht des nach dem Dreißigjährigen Krieg reich geworde-
nen Adels zu verdanken, der gan-
ze Straßenzüge durch prächtige Barockpaläste ersetzen ließ. Als erste
barocke Schlossanlage entstand Ende des 17. Jhs. Troja (❯ S. 132) mit
seinem den Sieg über die Türken verherrlichenden Kaisersaal. Dem
wollten die geistlichen Orden nicht nachstehen. Ihre Klöster ähnelten
Herrscherpalästen, und grandiose Kirchenbauten kündeten vom Sieg
der Gegenreformation. In Prag wirkten geniale Baumeister: Christoph
Dientzenhofer und sein Sohn Kilian Ignaz, Johann Bernhard Fischer
von Erlach sowie die großen Maler und Bildhauer Karel Škréta, Ferdinand Maximilian Brokoff und Matthias Bernhard.

Vom 19. ins 21. Jahrhundert

Die bürgerliche Kultur ging mit der nationalen Wiederbesinnung ein-
her und äußerte sich vornehmlich in den Bereichen Musik und Literatur. Architektonisch schlug sich das neue Nationalbewusstsein in
monumentalen Bauten wie dem Nationalmuseum oder dem Nationaltheater nieder. Als letzter universeller Stil prägte der Jugendstil das
Gesicht der Stadt und brachte viele bedeutende Bauwerke hervor. Ein-
malig in der Architektur Europas war der Kubismus; 1910–1925 entstanden mehr als 25 Wohnhäuser dieses Stils, vor allem am Moldauufer.
Seit 1990 werden in allen Stadtteilen avantgardistische Bürohäuser
gebaut. Weltbekannt ist das 1996 errichtete Tanzende Haus (❯ S. 125)
am Moldauufer.

Prag hat zahlreiche prachtvolle Jugendstilfassaden bewahrt

Musik- und Theaterstadt Prag

Prag ist Musik! Die Stadt besitzt drei Opernhäuser von Weltrang, 24 öffentliche Museen und unzählige Theater und Galerien. Unbestrittener Höhepunkt für Klassikfans ist das **Musikfestival »Prager Frühling«** (Pražské jaro, www.festival.cz). Zweiter großer Veranstaltungsort nach dem Smetana-Saal im Gemeindehaus ist der Dvořák-Saal des Rudolfinums mit seiner ausgezeichneten Akustik.

Das tschechische Theater war immer politisch: In Zeiten politischer Entmündigung verstand es, »beredt zu schweigen«, und sein Publikum konnte »zwischen den Zeilen hören«. In der Wendezeit, also in den Jahren vor 1989, wurde die Bühne dann direkt zum politischen Agitationsraum, in dem die Schauspieler das Publikum zur Diskussion über die Zustände im Land aufforderten.

Politisch war schon das Jesuitentheater gewesen, mit dem Mitte des 16. Jhs. im Clementinum die Rekatholisierung des Landes eingeläutet wurde. Im 1783 erbauten »Ständetheater« herrschte Deutsch als Bühnensprache vor, weshalb die Tschechen auf eine eigene Spielstätte drängten – ein Schritt nationaler Emanzipation, der schließlich 1868 in der Grundsteinlegung für ein eigenes Nationaltheater gipfelte. 1888 wurde

> ### Angesagt
> Das deutschsprachige Theater blüht wieder auf. Seit einigen Jahren findet im **Theater auf den Weinbergen** am Náměstí Míru ein deutsches Theaterfestival statt (Ende Okt./Anfang Nov.). Ensembles aus Deutschland, Österreich und der Schweiz begeistern das internationale Publikum. (www.theater.cz)

Straßenmusikanten begleiten den Weg zur Prager Burg

mit dem »Neuen Deutschen Theater«, der heutigen »Staatsoper« (Státní opera), die dritte große Prager Bühne eröffnet.

Später ließen Hitlerokkupation, Zweiter Weltkrieg und Stalinismus das blühende tschechische Bühnenleben zu einem konservativen Repertoiretheater verkommen. Erst in den 1960er-Jahren erwachte das Theater aus seiner Lethargie, es entstand eine ganze Reihe neuer Bühnen wie das »Theater am Geländer« (Divadlo na zábradlí), an dem Václav Havel seine ersten dramaturgischen Gehversuche machte. Namen wie »Laterna magika«, mit dem sich ein multimediales Bühnenspektakel verbindet, oder »Schwarzes Theater«, ein aus der Pantomime entwickeltes Spiel mit Lichteffekten vor einem schwarzen Hintergrund, wurden inzwischen zum internationalen Qualitätsbegriff.

Während nach der Revolution die großen Häuser – nicht zuletzt durch die Hilfe ausländischer Sponsoren – schnell wieder auf die Beine kamen, tat sich das kritische Experimentiertheater zunächst schwer. Viele Ensembles setzen heute auf das ausländische Publikum und bringen Inszenierungen in Englisch, Deutsch oder Italienisch.

Literarisches Prag

Franz Kafka, Rainer Maria Rilke, Franz Werfel, Egon Erwin Kisch – diese berühmten Prager Verfasser deutschsprachiger Literatur sind längst in die Lehrpläne deutscher Schulen eingegangen. Wir beschränken uns hier aus Platzgründen auf die wichtigsten Schriftsteller tschechischer Sprache des ausgehenden 19. und des 20. Jhs. Alle unten aufgeführten Werke liegen in deutscher Übersetzung vor und werden hier nur mit ihren deutschen Titeln genannt.

Liebenswerte Skizzen aus dem Prager Leben sind Jan Nerudas »Kleinseitner Geschichten«. Auch als Oper von Leoš Janáček bekannt geworden ist »Die Sache Makropoulos« von Karel Čapek, von dem auch das Drama »RUR« (Rossum's Universal Robots) stammt. Weltberühmt ist die Titelfigur aus Jaroslav Hašeks satirischem Roman »Die Abenteuer des braven Soldaten Schwejk«. Diese Autoren begründeten im späten 19. und frühen 20. Jh. den Ruhm Prags als blühende Literaturstadt.

Prag ist auch Heimat vieler Schriftsteller, die v.a. seit den 1970er-Jahren den Widerstand ihres Volks gegen ideologische Vereinnahmung und nationale Entmündigung verkörperten. Den Sammelpunkt der intellektuellen Opposition bildete die Bürgerrechtsbewegung »Charta 77«. Zu ihren Initiatoren gehörte der Dramatiker und langjährige Staatspräsident Václav Havel. Viele Sympathisanten der Bewegung erhielten Berufsverbot, nicht wenige – darunter Milan Kundera (»Die

Kafkas Prag

Franz Kafka (1883–1924) ist unbestritten der größte (wenn auch nicht einzige) Vertreter der Prager deutschen Literatur. Der Schriftsteller liebte und hasste die Stadt zugleich. In einem Brief an seinen engsten Jugendfreund Oskar Pollak heißt es: »Prag lässt nicht los. Dieses Mütterchen hat Krallen. Da muss man sich fügen oder … An zwei Stellen müssten wir es anzünden, am Vyšehrad oder am Hradschin, dann wäre es möglich, dass wir loskommen.«

Kafka ist häufig umgezogen. Sein Geburtshaus am Altstädter Ring, gleich neben der St.-Niklas-Kirche (Náměstí Franze Kafky 3), wurde längst ersetzt, das kleine Museum im Erdgeschoss erst nach der Wende eingerichtet. Im Palais Goltz-Kinský an der Ostseite des Rings betrieb sein Vater einen Kurzwarenhandel, und hier war auch das deutsche Gymnasium, das Kafka von 1893 bis 1901 besuchte. Im Haus »Zur Minute«, dem linken äußeren Teil des Rathauses, verbrachte er seine Kindheit. Sein erstes eigenes Zimmer – mit Blick auf die Teynkirche – bekam er im Haus »Zu den drei Königen« in der Zeltnergasse (Celetná 3). 1916 bewohnte er das kleine blaue Häuschen mit der Nr. 22 im Goldenen Gässchen im nordöstlichen Bereich der Burganlage, das seiner Schwester Ottla gehörte. Ab 1917 wohnte er im Schönborn-Palais (heute amerikanische Botschaft), wo seine tödliche Lungentuberkulose erstmals zum Ausbruch kam. Kafka ist auf dem Neuen Jüdischen Friedhof in Strašnice (Prag 10) begraben.

Franz Kafka, den das sozialistische Regime am liebsten totgeschwiegen hätte, geistert heute als Pop-Ikone durch das Prager Straßenbild – T-Shirts und Bierkrüge tragen sein Konterfei, sein Name leuchtet von den Plakatwänden. So paradox – oder kafkaesk – es klingen mag: Dieser Dichter, den zu Lebzeiten kaum einer kannte, ist heute in Prag allgegenwärtig.

unerträgliche Leichtigkeit des Seins«) sowie der Dramatiker Pavel Kohout – emigrierten oder wurden ausgewiesen. Jaroslav Seifert, Literaturnobelpreisträger von 1984, durfte seine späte Lyrik nicht mehr veröffentlichen – dennoch kursierte sie im Land. Zensiert wurde auch Bohumil Hrabal, in dessen Werk die humoristische Erzähltradition Jaroslav Hašeks weiterlebt.

Kafka-Denkmal an der Dušni

Nach 1989 konnte sich unter den jungen Autoren u.a. Jachým Topol einen Namen machen, sein Roman »Engel Exit« wurde auch verfilmt. Verkaufsschlager sind seit Mitte der 1990er-Jahre Michal Vieweghs Bücher »Blendende Jahre für Hunde« und »Erziehung von Mädchen in Böhmen«. Erfolgreich ist auch Miloš Urban mit seinen spannenden Prager Architekturromanen »Die Rache der Baumeister« und »Im Schatten der Kathedrale«.

Die Nationalgalerie

Die tschechische Nationalgalerie umfasst diverse Sammlungen, die aus Platzmangel an verschiedenen Standorten in der Stadt untergebracht wurden. Langfristig wird allerdings versucht, die Sammlungen auf mehrere Gebäude auf dem Burgberg zu verteilen.

Dort, im **Palais Schwarzenberg** (Hradčanské náměstí 2, ❯ S. 113), wurde zuletzt die permanente Ausstellung »Barock in Böhmen« eröffnet. Europäische Kunst italienischer, niederländischer und deutscher Meister aus dem 14. bis 18. Jh. ist gegenüber im **Palais Sternberg** (Hradčanské náměstí 15, ❯ S. 114) zu sehen. Die Kunstschätze umfassen hochrangige Gemälde von Tiepolo, Rubens, Holbein d. Ä., Cranach d.Ä. und Dürer (z. B. das »Rosenkranzfest«). Das **Georgskloster** auf dem Burgareal (Náměstí U Sv. Jiří 5) versammelt Kunst des 19. Jhs. aus Böhmen.

Mittelalterliche Kunst von 1200 bis 1550 ist im **Agneskloster** (Anežská 12, Altstadt) ausgestellt. Das **Palais Goltz-Kinský** am Altstädter Ring (Staroměstské náměstí 12, Altstadt, ❯ S. 68) beherbergt eine Dauerausstellung über die Landschaft in der tschechischen Kunst vom 17. bis ins 20. Jh.

Sehr interessant ist das Museum für Kubismus im **Haus zur Schwarzen Mutter Gottes** (Ovocný trh 19, Altstadt, ❯ S. 66). Der **Veletržní**

Filmkulisse vor dem Rudolfinium

palác schließlich (Dukelských hrdinů 47, Holešovice, Prag 7) deckt das 20. und 21. Jh. ab.

Alle Sammlungen sind täglich außer Montag von 10–18 Uhr geöffnet, das Georgskloster sogar täglich (www.ngprague.cz).

Drehort Prag

Prag gilt schon lange als wichtige europäische Filmmetropole. Bereits in den 1930er-Jahren gründete der Großvater des ehemaligen Präsidenten Václav Havel die Barrandov-Studios, die rasch internationalen Ruf erlangten. Berühmt wurden zunächst vor allem tschechische Märchenfilme wie »Drei Nüsse für Aschenbrödel«, großartige Trickfilme und die Fernsehserien »Pan Tau« und »Das Krankenhaus am Rande der Stadt«. Durch eine neue Welle von Filmemachern wie Miloš Forman und Jiří Menzel zog das einheimische Filmschaffen wieder Aufmerksamkeit auf sich. Forman kehrte für seinen Welterfolg »Amadeus« 1983 sogar vorübergehend nach Prag zurück. In der Zeit nach der Revolution waren es zunächst Dokumentarfilme, die internationales Aufsehen erregten. Und endlich wurden auch wieder erfolgreiche Spielfilme produziert. So gewann der anrührende Streifen »Kolja« von Regisseur Jan Svěrák 1997 einen Oscar als bester ausländischer Film.

Das Label »Hollywood in Prag« geisterte vor allem nach der Jahrtausendwende durch die Medien, als Amerikaner dank günstiger Kosten und exzellenter Fachkräfte immer häufiger in Prag produzierten. Die Liste der Blockbuster reicht inzwischen von »Brothers Grimm« über »Mission: Impossible«, »Oliver Twist«, »Die Liga der außergewöhnlichen Gentlemen«, »Die Bourne Identität«, »Prinz Kaspian« aus den Chroniken von Narnia und »From Hell« bis zu »xXx«. Mit dem James-Bond-Streifen »Casino Royale« wurde 2006 ein vorläufiger Höhepunkt erreicht, dem zunächst nur kleinere Filme folgen sollten.

Feste und Veranstaltungen

In der Landeshauptstadt ist eigentlich das ganze Jahr über Saison. Man weiß, was man seinen zahlreichen Besuchern schuldig ist. Auch in der touristischen Nebensaison gibt es reichlich Gelegenheit für Kunstgenuss oder Unterhaltung. Nur dass dann die Prager mehr unter sich sind.

Festkalender

Januar: Prager Winter.
Die erste Woche des Jahres wird mit einer kulturellen Festwoche eingeläutet.

Februar: Opernball in der Staatsoper. Großereignis der Prager Gesellschaft.
Matthias-Kirmes im Ausstellungsgelände.

März: Festival der zeitgenössischen Musik.

April: Osterfestival für Kammermusik im Agneskloster.
Großer Frühlingspreis auf der Galopprennbahn in Prag-Chuchle.

12. Mai: Prager Frühling. Das Kulturereignis des Jahres mit vielen renommierten, internationalen Spitzenorchestern und -solisten.

Juni: Festival der Blasmusik.
Dreitägiger Aufmarsch von Blaskapellen aus dem In- und Ausland in Kolín (ca. 40 km östlich von Prag).

Juli: Quadriennale der Theatertechnik (2011, 2015 etc.).
Theaterfestival auf der Schützeninsel.
Prager Kultursommer mit vielen Theater- und Konzertaufführungen.

August: Škoda Czech Open. ATP-Tennisturnier.

September: Prager Herbst.
Musikfestival im Smetana-Saal.
Großer Herbstpreis auf der Galopprennbahn in Prag-Chuchle.

Oktober: Grand Steeplechase Pardubice. Das schwierigste Hindernisrennen Europas mit dem berühmt-berüchtigten Taxis-Graben in Pardubice (ca. 100 km östlich von Prag).

Oktober/November: Internationales Jazzfestival in allen Jazzlokalen.

Dezember: Weihnachtsmarkt auf dem Altstädter Ring, Wenzelsplatz und Náměstí Míru im Stadtteil Vinohrady.

Reduta Jazz Club

Unterwegs in Prag

Entdecken Sie die einzelnen Stadtviertel –
jeweils mit den schönsten Touren,
allem Sehens- und Erlebenswerten
sowie zahlreichen Tipps

Die Altstadt

Nicht verpassen!

- Frühmorgens über die leere Karlsbrücke spazieren
- Den Lauf der Apostel an der Astronomischen Uhr vom Grand Café Praha aus beobachten
- Das Grabmal des Rabbi Löw auf dem Alten Jüdischen Friedhof besuchen
- Im prächtigen Café des Gemeindehauses einen Kaffee trinken
- Abends durch die mittelalterlichen Gassen um den Bethlehemsplatz schlendern

Zur Orientierung

Die Altstadt ist zweifelsohne das Herz der Moldaumetropole. Bereits vor 1000 Jahren entstand das Gebiet um den heutigen Altstädter Ring, das der Reisende Ibrahim Ibn Jacob schon im 10. Jh. erwähnte. Heute präsentiert sich die Altstadt als buntes Ensemble von Häusern verschiedenster Stilepochen, von der Gotik über Renaissance und Barock bis zum Jugendstil. Wer sich in den Gassen treiben lässt, ist angesichts der Vielzahl von Geschäften, Lokalen, kleinen Innenhöfen und herrlichen Fassaden immer aufs Neue verblüfft.

Die Altstadt wird im Westen durch die Moldau begrenzt, im Süden und Osten trifft sie mit Nationalstraße (Národní), Am Graben (Na Příkopě) und Revoluční auf die Neustadt. Nördlich der Altstadt liegt die Josephstadt, das einstige jüdische Ghetto. Die wichtigsten Plätze in der Altstadt sind der beeindruckende Altstädter Ring (Staroměstské náměstí) mit dem benachbarten Kleinen Ring (Malé náměstí), der ruhigere Teynhof (Týn) und der etwas versteckte Bethlehemsplatz (Betlémské náměstí). Von der Neustadt in die Altstadt führt die Melantrichova, die genau vor dem Altstädter Rathaus in den Altstädter Ring mündet.

Figuren der Astronomischen Uhr am Altstädter Rathaus

Durch die weitgehend fußläufige Altstadt wandeln die Pragbesucher auf Schusters Rappen. Dabei lohnt sich der Blick nach unten, denn das urige Kopfsteinpflaster der Gassen wirkt wie ein Mosaik, das mit seinen verschiedenen Farben und Mustern eine Sehenswürdigkeit für sich darstellt.

Auch der Blick nach oben lohnt sich, denn die Straßenbeleuchtung wurde vor einigen Jahren wieder auf Gas umgestellt. Das Licht der Gaslaternen lässt die Atmosphäre der alten Erzählungen von Gustav Meyrink oder Egon Erwin Kisch erneut aufleben. Sogar einen Lampenanzünder, der täglich seine Runde geht, hat die Stadt wieder eingestellt.

In den Gassen der Altstadt und besonders am Altstädter Ring ist immer etwas los, das Treiben auf den Plätzen steckt an, und bei gutem Wetter werden in den Restaurants schnell die Tische hinausgestellt. Freilich ist ein Bier draußen auf dem Altstädter Ring teurer als drinnen. Die Geschäfte sind in der Regel bis spät abends und oft auch am Wochenende geöffnet. Bei der Wahl eines Restaurants lohnt sich der Weg in die Nebengassen, um unangenehme Überraschungen beim Bezahlen der Rechnung zu vermeiden.

Die Sehenswürdigkeiten sind in der Regel täglich außer Montag geöffnet, das jüdische Viertel ist am Samstag geschlossen.

Touren in der Altstadt

Altstadt-Spaziergang

– ❶ – **Gemeindehaus ›
Zeltnergasse › ***Altstädter
Ring › Karolinum › Gallus-
markt › Bethlehemsplatz ›
Mariannenplatz › Klemen-
tinum › Karlsgasse ›
**Karlsbrücke › *Rudolfinum

Dauer: 4–5 Std. zu Fuß
Praktische Hinweise: Idealerweise am Vormittag, weil die
Gassen dann noch nicht überfüllt sind. Ausgangs- und Endpunkt sind bequem mit der
Metro erreichbar (Ⓜ **Nám.
Republiky** bzw. Ⓜ **Staroměstská**). Bei gutem Timing
sollte man den Altstädter Ring
kurz vor der vollen Stunde
erreichen, um das Vorbeizie-
hen der Apostel an der Astronomischen Uhr am Altstädter
Rathaus zu erleben.

Der Spaziergang durch die Altstadt folgt in Teilen dem sogenannten Krönungsweg, den die
böhmischen Könige anlässlich
ihrer Krönung absolvierten.

❷ **Gemeinde-haus ❶

Das wohl schönste Jugendstilgebäude Prags erhebt sich an der
Stelle des alten Palastes, in dem
die böhmischen Könige von 1383
bis 1484 residierten. Zwischen

1906 und 1911 wurde das Reprä-
sentationshaus der Gemeinde
Prag oder kurz Gemeindehaus
(Obecní dům) von zwei der
bekanntesten Architekten der
damaligen Zeit, Osvald Polívka
und Antonín Balšánek, erbaut.

Die Errichtung des Gemeindehauses entsprach dem gesteiger-
ten Bedürfnis nach kulturellem
Engagement und weltstädtischer
Repräsentation der dank ihres
industriellen Aufschwungs rasch
gewachsenen und reich gewor-
denen Stadt. Zur Mitarbeit waren
mehr als drei Dutzend Architekten, Maler und Bildhauer von
nationalem Rang und Namen auf-
gerufen.

Mittelpunkt des auf auf einer
Fläche von 4200 m² errichteten
symmetrischen, rhombusförmi-
gen Baukörpers ist der **Smetana-
Saal** im ersten Stock. Hier wurde
1918 die Republik ausgerufen,
und hier wird jedes Jahr am
12. Mai mit der Aufführung von
Smetanas sinfonischer Dichtung
»Mein Vaterland« das Musikfestival »Prager Frühling« eröffnet.

Das Erdgeschoss wird von
einem prächtigen Jugendstilcafé Ech
9
mit beeindruckendem Tortenbuf-
fet (Tel. 222 002 763, ●●) und
einem stilvollen französischen
Restaurant eingenommen, das
Untergeschoss von einer ameri-
kanischen Bar und einer Bierhalle.
Daneben gibt es verschiedene
Gesellschaftsräume und Salons

Prachtvoller Jugendstil: Das Gemeindehaus

sowie im Dachgeschoss einen Ausstellungssaal.

Das große Mosaik zum Thema »Huldigung an Prag« über dem Portal schuf Karel Špillar, die Leuchten tragenden Atlanten auf den Balkonen Karel Novák. Ein besonderer Blickfang ist der von Alfons Mucha gestaltete **Bürgermeistersaal** in der ersten Etage mit großformatigen Allegorien nationaler Themen.

*Pulverturm **2**

Wo sich einst eines der dreizehn mittelalterlichen Tore der Stadtbefestigung erhob, ließ Vladislav II. anlässlich seiner Krönung Ende des 15. Jhs. einen neuen Turm errichten – zur Zierde seines Hofes gleich nebenan. Vorbild für den Bau war der berühmte Altstädter Brückenturm Peter Parlers. Das Ergebnis jedoch fiel eher bescheiden aus: Die Baumeister Benedikt Ried und Matthias Rejsek mühten sich redlich, aber die Blütezeit der Gotik war vorbei.

Ohnehin verlegte der König seinen Herrschersitz zurück auf den Burgberg, und in dem mit spätgotischem Zierwerk und Statuen böhmischer Könige geschmückten Turm wurde Schießpulver gelagert. Seither wird er Pulverturm genannt. Erst im 19. Jh. erhielt er seinen charakteristischen Spitzturm durch Josef Mocker. Die Galerie ermöglicht einen wunderbaren Blick auf Altstadt und Neustadt (April–Okt. tgl. 10–18 Uhr). Der Turm markierte die Grenze zwischen den beiden einst selbstständigen Prager Städten.

Das Schmuckstück am Altstädter
Rathaus: die Astronomische Uhr

Zeltnergasse 3

Kurz hinter dem Pulverturm
beginnt in der Zeltnergasse
(Celetná) die Altstädter Fußgän-
gerzone. Hier finden sich mondä-
ne Boutiquen, uralte Weinstuben
und unzählige Läden mit den lan-
destypischen Glas- und Keramik-
waren.

Besonderen Glanz verleihen
der Gasse die barocken Häuser.
Romanische und gotische Fens-
tereinfassungen und Türrahmen
weisen jedoch darauf hin, dass
dieser Teil Prags schon im 10. Jh.
bewohnt war. Hier lebten Handwerker und Kaufleute. Da in jener
Zeit die Moldau oft über die Ufer
trat, ließen die Bewohner das

Gelände schließlich aufschütten.
Romanische Kellergewölbe wie
z.B. in der Weinstube **Zur Spinne**
(U pavouka, Nr. 17) blieben
dadurch erhalten.

3 ***Altstädter Ring 4

Die Zeltnergasse mündet in den
schönsten Platz der ganzen Stadt:
den Altstädter Ring (Staroměstské
náměstí).

Hier nicht beeindruckt zu sein,
ist wohl unmöglich. Wie vielfältig
sind die Fassaden, wie bunt das
Treiben! Vor mittelalterlichen
Bürgerhäusern werden Münzen
geprägt und Jazz gespielt. Regelmäßig gibt es hier einen Jahr-
markt, fast das ganze Jahr hindurch kann man im Freien ein
Pilsner Urquell oder Budweiser
trinken.

Auch historisch war der Ring
das wichtigste Zentrum der Stadt,
ja des ganzen Landes. 1422 wurde
hier der Anführer der Hussiten,
Jan Želivský, hingerichtet. Knapp
200 Jahre später erlitten die 27
böhmischen Herren, die mit dem
Zweiten Prager Fenstersturz den
Dreißigjährigen Krieg ausgelöst
hatten (❯ S. 107, Exkurs »Prager
Fensterstürze«), das gleiche
Schicksal. In das Pflaster vor dem
Rathaus eingefügte Kreuze erin-
nern bis heute daran.

Auf dem Platz wurde gefeiert
und getrauert. Der Hussitenkönig
Jiří z Poděbrad, der letzte Böhme
auf dem böhmischen Thron, wurde 1458 im Altstädter Rathaus
gekrönt. Nach den beiden Welt-
kriegen begrüßte die Stadt hier

die aus dem Exil zurückgekehrten Präsidenten Tomáš G. Masaryk und Eduard Beneš.

Im Februar 1948, im Monat der kommunistischen Machtübernahme, sprach der spätere Präsident Klement Gottwald vom Balkon des Kinský-Palais neben der Teynkirche zu den Arbeitern. 20 Jahre danach standen auf dem Ring dann die Panzer der Staaten des Warschauer Pakts. Gewaltsam hatten sie den »Prager Frühling« beendet.

**Altstädter Rathaus

Das Recht zur Errichtung eines Rathauses mussten die Bürger dem König Johannes von Luxemburg regelrecht abkaufen: Anno 1338 wurde ihnen das Baupriviveg nur unter der Bedingung erteilt, dass sie die Kriegsabenteuer des Königs finanzierten. Das Geld dafür brachten die Stadtväter durch die Erhebung einer Weinsteuer auf.

Das Rathaus ist eigentlich kein einzelnes Haus, sondern eine

**Astronomische Uhr

Zu jeder vollen Stunde beginnt das Figurenspiel der berühmten Astronomischen Uhr am Altstädter Rathausturm. Zwei weiß-blaue Fensterchen öffnen sich, und vorbei ziehen Christus und die zwölf Apostel. Rechts und links davon schaut ein Eitler in den Spiegel, schwenkt ein Geiziger seinen Beutel, Gevatter Tod zieht am Sterbeglöckchen, ein Türke macht Musik. Er erinnert an die Gefahr, die den Habsburgern jahrhundertelang vom Osmanischen Reich drohte. Wenn dann der Hahn kräht, ist das stets von Tausenden von Touristen verfolgte Spiel auch schon wieder vorbei.

Weniger beachtet bleibt da oft der wichtigste Teil der Uhr: die sogenannte Sphärenscheibe, ein astronomisches Wunderwerk aus dem 15. Jh. Auf dem äußeren Ring mit seinen arabischen Ziffern zeigt eine goldene Hand die altböhmische Zeit an. Sie wurde von Sonnenuntergang zu Sonnenuntergang gemessen. Der nächste Kreis mit römischen Ziffern steht für unsere Mitteleuropäische Zeit. Er ist in eine blaue Zone für den Tag und eine braune für die Nacht geteilt. Abgelesen werden kann aber auch die Stellung des Mondes und der Tierkreiszeichen. Die untere Scheibe zeigt volkstümliche Darstellungen der zwölf Monate und verzeichnet alle Tage des Jahres.

Einer Legende zufolge ließen die Stadtväter den Konstrukteur der Uhr, einen Magister Hanuš der Karlsuniversität, blenden, damit er für andere Städte nicht ein ähnliches Meisterwerk schaffen könne. Aus Rache stieg Hanuš dann auf den Turm und hielt das Laufwerk an. Daran stimmt so viel, dass die Uhr im 16. Jh. tatsächlich ziemlich lange stillstand und selbst die berühmten Nürnberger Uhrmacher sie über 50 Jahre lang nicht wieder in Gang setzen konnten. Und auch heute fällt sie ab und zu aus.

Vom direkt gegenüberliegenden Grand Café Praha lässt sich das Spiel der Astronomischen Uhr von der ersten Etage aus in Ruhe verfolgen.

Häuserreihe. Sie beginnt mit dem ältesten Teil, dem frühgotischen **Haus der Wölfin vom Stein**, das in der 2. Hälfte des 14. Jhs. um den Rathausturm (kann bestiegen werden!) und eine Kapelle erweitert wurde.

Das folgende Gebäude beeindruckt durch ein Frührenaissancefenster mit der Aufschrift »Praga caput regni« (»Prag, Hauptstadt des Königreichs«). Es folgen das **Haus des Kürschners Mikeš** mit Spitzbogenarkaden, das **Haus zum Hahn** und das mit Sgrafitti verzierte **Haus zur Minute**. Im 19. Jh. entstand ein neogotischer Ostflügel. Er wurde während des Maiaufstands 1945 von deutschen Truppen zerstört und besteht heute nur noch aus einem Torso.

Einheimische Hochzeitspaare lassen sich gern vor dem reich verzierten Portal des Rathauses fotografieren, und so löst hier eine Trauung die andere ab. Sehenswert sind aber auch die Mosaiken in der Eingangshalle, die die »Huldigung des Slawentums« und die »Prophezeiung Libussas« zeigen. Besichtigt werden können der mit Wappen und Statuen geradezu überladene Ratsherrensaal aus dem 15. Jh. und der neue Sitzungssaal von 1879. Hier hängen die beiden wichtigsten Werke von Václav Brožík, dem berühmtesten tschechischen Maler der vorletzten Jahrhundertwende: »Jan Hus vor dem Konzil in Konstanz« und »Krönung des Hussitenkönigs« (Mo 11–18, Di–So 9–18 Uhr).

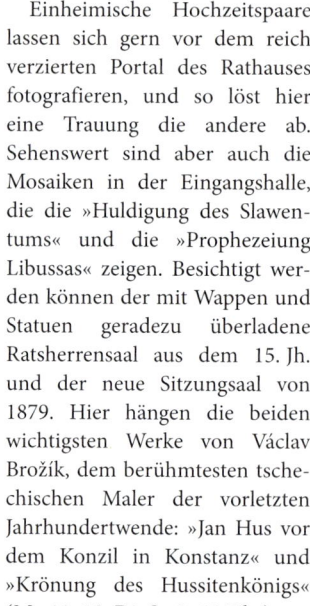

Kubismus

Als die Prager Architekten des Jugendstils langsam überdrüssig waren, wandten sie sich einem neuen abstrakten Stil zu, dem aus der französischen Malerei entstandenen Kubismus. Eines der wichtigsten Bauwerke steht in barocker Umgebung an der Ecke Celetná/ Ovocný trh: das **Haus zur Schwarzen Mutter Gottes** (1911/12) mit Kubismus-Museum und dem Grand Café Orient, das nach mehr als 80 Jahren jüngst originalgetreu wieder eröffnet wurde (Ovocný trh 19, Tel. 224 224 240, www.grandcafeorient.cz, ●). Die Madonnenfigur stammt aus dem Vorgängerbau.

Hus-Denkmal

Ein beliebter Treffpunkt der Prager Bevölkerung ist dieses Monument, das sich unübersehbar in der Mitte des Altstädter Rings erhebt. Erst 1915, während des Ersten Weltkriegs, gestatteten die Habsburger die Errichtung eines Denkmals für den tschechischen Reformator.

Kurz vor dem Ende der deutschen Herrschaft über Böhmen und Mähren ließen sich die hussitischen Traditionen nicht länger unterdrücken. Der hoch aufgerichtete, aus Bronze gegossene Jan Hus blickt zur Teynkirche hin, dem damaligen Zentrum der hussitischen Bewegung und Predigerstätte von Jan z Rokycan, ihrem ersten Erzbischof.

*Teynkirche 5

Das Jahr 1620 und die Niederlage der Hussiten in der Schlacht am Weißen Berg brachten eine schicksalhafte Wende: Die Teynkirche (Týnský chrám) fiel an die Katholiken, und aus dem Goldenen Kelch, der als Symbol der Utraquisten einst den gotischen Giebel schmückte, wurde ein Strahlenkranz für die nun hier angebrachte Madonnenfigur geschmolzen.

Das Gotteshaus, dessen 70 m hohe Türme den Altstädter Ring dominieren, wurde auf romanischen und frühgotischen Fundamenten errichtet. Die Bauarbeiten begannen bereits 1339, wurden dann jedoch von den Hussitenkriegen unterbrochen. Daher ist der linke, nördliche Turm auch weniger mächtig als der südliche aus dem Jahr 1511. Zu einem Hauptwerk der böhmischen Gotik zählt das Nordportal aus der Bau-

Jan Hus

Man schrieb den 6. Juli des Jahres 1415. Der Scharfrichter von Konstanz legte Jan Hus eine rostige Kette um den Hals und band ihn an einen Pfahl. Noch einmal forderte ein kaiserlicher Gesandter Hus auf zu widerrufen. Doch dieser lehnte ab. Als der Scheiterhaufen angezündet wurde, begann Hus laut zu singen. Seine Asche wurde in den Rhein geworfen.

1370 war Hus als Sohn eines Bauern im südböhmischen Husinec geboren worden. 1390 schrieb er sich an der Prager Karlsuniversität ein, 1400 weihte man ihm zum Priester. Stark beeinflusst wurde er von den sozialkritischen Thesen des Oxforder Theologen John Wyclif. Der Kampf gegen die Verweltlichung der Kirche, gegen den einträglichen Ablasshandel und für einen Gottesdienst in tschechischer Sprache waren die bestimmenden Themen seiner Predigten in der Bethlehemkapelle. Als der Papst und der Prager Erzbischof eine Kampagne gegen Wyclif einleiteten und dessen Bücher einsammeln und verbrennen ließen, kam es zur offenen Konfrontation. Der inzwischen zum Rektor der Karlsuniversität ernannte Hus organisierte eine Gelehrtenkonferenz über Wyclifs Werk, seine Exkommunikation ignorierte er.

Die Bedeutung, die Hus bis weit ins 20. Jh. für die Tschechen hatte, beruht jedoch nicht nur auf seinem religiösen, sondern auch auf seinem politischen Werk. Die Rückkehr zu einer urchristlichen Gemeinschaft ohne jeden Privatbesitz, welche die radikalsten Hussiten forderten, war die Basis für das tschechische Streben nach einer egalitären Gesellschaft. Durch den Verrat des Kaisers, der dem Kirchenreformator freies Geleit für seine Reise zum Konzil in Konstanz zugesichert hatte, wurde Hus zum ersten Helden einer tschechischen Nation, die sich jahrhundertelang gegen die deutsche Herrschaft behaupten musste.

Auch die tschechische Sprache wurde von Jan Hus grundlegend reformiert. Auf ihn gehen die Haken im Schriftbild zurück.

hütte Peter Parlers. Neben seinem überaus reichen plastischen Schmuck zeigt es im Tympanon Szenen aus dem Leiden Christi (Kopie; das Original befindet sich im Agneskloster).

Das Innere der Teynkirche wurde nach einem Brand weitgehend barockisiert. Hinter einer gotischen Kanzel steht die marmorne Grabplatte des dänischen Astronomen Tycho Brahe, den Kaiser Rudolf II. 1597 nach Prag holte und der hier zusammen mit Johannes Kepler die Grundlagen für die Berechnung der Planetenbahnen entwickelte.

Teynhof 6

Der hinter der Teynkirche liegende Teynhof wurde früher Ungelt genannt, da die fahrenden Händler dort zunächst ihre Waren verzollen mussten, bevor sie sie zum

Die Hand in der Jakubskirche

Gegenüber dem Eingangstor zum Teynhof in der Straße Malá Štupartská steht die katholische Kirche des hl. Jakub. Der Legende nach vermochte deren reich geschmückte Statue der Jungfrau Maria wahre Wunder zu vollbringen. Ein Dieb wollte ihr einst nachts eine Schnur mit wertvollen Dukaten stehlen, doch die Statue hielt ihn bis zum nächsten Morgen fest. Nach seiner Entdeckung wurde ihm die Hand abgehackt. Sie hängt bis heute rechts vom Eingang an einer Kette.

Verkauf auf den Altstädter Ring bringen durften. Inzwischen entwickelte sich der Teynhof zu einem gemütlichen Plätzchen voller Ruhe und Gelassenheit. Neben interessanten Geschäften mit Naturprodukten und Holzspielzeug lockt vor allem das beste Prager Fischrestaurant Rybí trh (Nr. 5, Tel. 224 895 447, www.rybitrh.cz, ●●●).

Prächtige Profanbauten

Linker Hand der Teynkirche steht das ebenfalls vollständig restaurierte **Haus zur Steinernen Glocke**, einst Stadtpalast Johannes von Luxemburgs und einer der bedeutendsten gotischen Profanbauten des ganzen Landes. Heute zeigt die städtische Galerie hier Ausstellungen moderner Kunst.

Es folgt das **Palais Goltz-Kinský**, ein nach Plänen von Kilian Ignaz Dientzenhofer 1765 errichtetes Rokokopalais, in dem die Friedensnobelpreisträgerin Berta von Suttner, eine geborene Kinský, zur Welt kam. In dem weitläufigen Gebäude befand sich einst das Geschäft von Hermann Kafka, dem Vater Franz Kafkas. Im hinteren Teil war das deutsche Gymnasium untergebracht, das auch Franz besuchte. Heute findet man vorne rechts eine gut sortierte Buchhandlung, in der Mitte ein Geschäft für handgeschöpftes Papier sowie im Palais selbst einen Teil der **Nationalgalerie** mit einer Sammlung der Landschaften in der tschechischen Kunst (Nr. 12, Tel. 224 810 758, www.ngprague.cz, tgl. außer Mo 10–18 Uhr).

Die hochbarocke St.-Niklas-Kirche in der Altstadt

Die Häuser nördlich des Kinský-Palais sind die einzigen ohne romanischen oder gotischen Kern. Sie entstanden nach dem Abriss des jüdischen Ghettos Ende des 19. Jhs. im historistischen Stil.

*St.-Niklas-Kirche 7

Die hochbarocke St.-Niklas-Kirche (Kostel sv. Mikuláše) zählt wie ihr gleichnamiges Gegenstück jenseits der Moldau auf der Kleinseite zu den Meisterwerken von Kilian Ignaz Dientzenhofer. Zwischen 1732 und 1737 verwirklichte der gebürtige Prager hier seine Vorstellung eines barocken Zentralbaus, gekrönt von einer mächtigen Kuppel. Berühmt sind auch die Fresken des bayrischen Malers Peter Adam (Szenen aus dem Alten Testament, Leben der hl. Nikolaus und Benedikt).

Den großen Kristallleuchter in Form des achteckigen Grundrisses der Kuppel ließ die russisch-orthodoxe Gemeinde, die die Kirche 1870–1914 nutzte, in der Glashütte im nordböhmischen Harrachsdorf (Harrachov) im Riesengebirge anfertigen. Heute dient St. Niklas als Hauptkirche der Hussiten und ist Konzertort (i.d.R. tgl. um 17 und 20 Uhr).

Pariser Straße

Von der Nordwestecke des Altstädter Rings führt die Pařížská (Pariser Straße), die wohl teuerste Einkaufsmeile der Stadt, bis an die Moldau zur Brücke Čechův most. Am berühmten Shopping-Boulevard haben sich inzwischen bekannte Modelabels von Cartier über Hermès bis Louis Vuitton sowie noble Cafés und Restaurants niedergelassen.

Kleiner Ring

Der südwestliche Vorhof zum Altstädter Ring ist der sog. Kleine Ring (Malé náměstí), ein von weiteren Restaurants gesäumter kleiner Platz. Hier werden Stadtrundfahrten mit Oldtimern aus den Zwanzigerjahren angeboten, und von hier setzt sich der Krönungsweg in Richtung Karlsgasse fort. Besonders sehenswert ist das Gebäude der einstigen Eisenwarenhandlung Rott mit einer auffälligen Fassade des berühmten Bildhauers Mikoláš Aleš.

Karolinum 8

Vom Altstädter Ring führt die Železná südwärts zum Karolinum (Carolinum), das Karl IV. 1348 als erste Universität im Deutschen Reich gründete. Der Kaiser wollte die Bildungstätte freilich nicht als eine deutsche verstanden wissen: Lehrer und Schüler sollten aus Polen und Österreich, aus dem Baltikum und aus Preußen nach Prag kommen.

Doch schon unter Rektor Jan Hus begann der Streit der Nationen und Religionen. Diese Ausei-

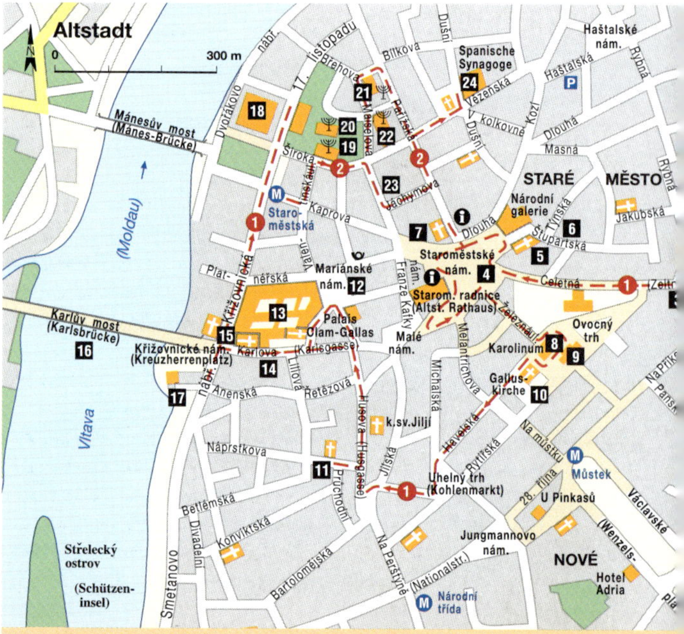

— ❶ — Altstadt	**5** Teynkirche	**11** Bethlehemsplatz	**17** Novotný-Steg
	6 Teynhof	**12** Mariannenplatz	**18** Rudolfinum
1 Gemeindehaus	**7** St.-Niklas-Kirche	**13** Klementinum	
2 Pulverturm	**8** Karolinum	**14** Karlsgasse	
3 Zeltnergasse	**9** Ständetheater	**15** Kreuzherrenplatz	
4 Altstädter Ring	**10** Gallusmarkt	**16** Karlsbrücke	

nandersetzungen sollten die Karlsuniversität bis 1945 beherrschen. Von dem ursprünglichen Gebäude der Uni blieb nur ein mit Wasserspeiern, Wappen und Säulchen reich geschmückter gotischer *Erker erhalten.

*Ständetheater 🟦

Neben dem Karolinum steht das wunderschön restaurierte Ständetheater (Stavovské divadlo), in dem 1787 Mozarts »Don Giovanni« uraufgeführt wurde. In den häufigen Namenswechseln des klassizistischen Bauwerks, das »dem Vaterland und den Künsten« gewidmet ist und mit dem das Ansehen Prags gehoben werden sollte, spiegelt sich das wechselhafte politische Geschick der Stadt wider. Als es im Jahr 1783 eröffnet wurde, trug es den Namen seines Stifters Graf Nostitz. 1799 ging es in den Besitz der böhmischen Stände über und hieß seit dieser Zeit Ständetheater. Nach weiteren Namenswechseln (Deutsches Landestheater und Tyltheater, benannt nach dem Textdichter der tschechischen Nationalhymne) heißt es seit 1991 wieder Ständetheater. Für Aufnahmen zum Film »Amadeus« wurde vorübergehend die Kerzenbeleuchtung wieder eingebaut.

Gallusmarkt 🔟

Einge Schritte weiter, auf Höhe der Straße Melantrichova, die den Altstädter Ring mit dem Goldenen Kreuz am Wenzelsplatz verbindet, kommt man durch das einstige Marktviertel Gallusstadt, das nach der ehemals gotischen und heute barocken **Galluskirche** (Kostel sv. Havla) benannt wurde. Hier findet bis heute täglich ein interessanter **Obstmarkt** statt, der freilich um Souvenirs erweitert wurde.

Bethlehemsplatz 🔢

Von der schlichten gotischen *Bethlehemkapelle, in der es keinen Altar gab und die Kanzel im Mittelpunkt des Gottesdienstes stand, gingen die wesentlichen

Interessantes Dächerensemble in der Pariser Straße

Impulse für die hussitische Bewegung aus. Vor stets gut gefülltem Haus forderte Jan Hus hier eine Kirche der Armut und verkündete 1521 der deutsche Bauernführer Thomas Müntzer seine revolutionären Thesen. Auch König Václav IV. soll, verborgen auf einer hölzernen Galerie, die Gottesdienste verfolgt haben. (Apr. bis Okt. tgl. außer Mo 10–18.30, Nov.–März 10–17.30 Uhr.)

An der Westseite des Bethlehemsplatzes (Betlémské náměstí) steht das **Museum für Völkerkunde**, das den Namen des tschechischen Industriellen und bedeutenden Mäzens Votja Náprstek trägt (Nr. 1, Tel. 224 497 500, www.aconet.cz/npm, tgl. außer Mo 10–18 Uhr).

Die engen, verwinkelten Gassen rund um den Bethlehemsplatz laden dazu ein, immer wieder einen Blick in die Hinterhöfe zu werfen. Hier entstand in den letzten Jahren eines der In-Viertel Prags. Zahlreiche Galerien stellen moderne tschechische Kunst aus, daneben bieten Glas- und Marionettenläden, aber auch Keramikgeschäfte Souvenirs aller Art an. Am Abend öffnen dann die zahlreichen Pubs und Musikklubs ihre Türen.

In diesem Teil der Altstadt haben aber auch viele alte Bierkneipen überlebt, so zum Beispiel das Lieblingslokal des 1997 verstorbenen Schriftstellers Bohumil Hrabal, **U zlatého tygra** (»Zum goldenen Tiger«, Husova 17, Tel.

222 221 111, www.uzlatehotygra. cz, ●), in das auch Václav Havel und Bill Clinton zu einem Bier einkehrten, oder die Gaststätte **U medvídků** (»Zu den Bären«, Na Perštýně 7, Tel. 224 211 916, www. umedvidku.cz, ●), in der Budweiser vom Fass ausgeschenkt wird.
[**Buch-Tipp**] Angelo Maria Ripellino, **Magic Prague,** MacMillan 1995. Über all die wahren und unwahren Geschichten, die sich in den Gassen der Altstadt abspielten, berichtet Ripellino in seinem leider nur noch auf Engisch und Italienisch erhältlichen Buch.

Mariannenplatz 🆙

Am etwas abseits der Touristenströme gelegenen Mariannenplatz (Mariánské náměstí) liegen gleich mehrere wichtige Gebäudekomplexe. Hauptanziehungspunkt des Platzes ist der **Magistrat**, Sitz des Prager Oberbürgermeisters. Das fast bis zum Altstädter Ring reichende Gebäude schuf Osvald Polívka 1911 praktisch zeitgleich mit dem Gemeindehaus, an dem er ebenfalls beteiligt war. In dem Film »Kafka« mit Jeremy Irons in der Titelrolle bildet der Magistrat den Rahmen für Kafkas Arbeitsstätte, die Arbeiter-Unfall-Versicherung, die aber tatsächlich in der Straße Na Poříčí steht.

Links vom Magistrat befindet sich die **Stadtbibliothek** in einem Gebäude aus dem Jahr 1928. Sie galt damals als eine der modernsten europäischen Bibliotheken und wird auch heute von den belesenen Prager Einwohnern

gern aufgesucht. Gegenüber der Stadtverwaltung liegt der Eingang zum Klementinum.

In der Südecke des Mariannenplatzes zur Husgasse liegt das *Palais Clam-Gallas, das J. B. Fischer von Erlach 1715 bis 1730 erbauen ließ. Heute dient es dem Stadtarchiv als Ausstellungsgebäude. Die steinernen Giganten,

Echt gut!

Die typischsten Prager Souvenirs

■ Das Souvenir par excellence ist **böhmisches Glas.** Eine große Auswahl bietet **Erpet** › S. 34 direkt am Altstädter Ring.

■ **Marionetten** gibt es in Prag fast wie Sand am Meer, aber wirklich gute handgefertigte Puppen verkauft vor allem **Bejvávalo** › S. 36.

■ Eine hübsche Idee für Mitbringsel sind kleine Nachbildungen der wichtigsten Prager Gebäude aus **Keramik**. Die größte Auswahl gibt es bei **Miniatures** gegenüber dem Aufgang zur Prager Burg in der Úvoz 1 am oberen Ende der Nerudagasse.

■ **Naturprodukte aus Bier** wie Badesalz oder Shampoo sind der neueste Renner bei **Manufaktura** › S. 36.

■ Wohlriechende **Geschenkartikel** von Gewürzen bis Seife und vieles mehr bietet **Botanicus** im Teynhof › S. 36 an.

■ Kleinformatige **böhmische Kochbücher** verkauft der deutschsprachige Verlag **Vitalis** › S. 33 in seiner Verlagsbuchhandlung auf der Kleinseite oder im blauen Häuschen Nr. 22 im Goldenen Gässchen.

Der Barockbibliothekssaal im ehemaligen Jesuitenkolleg Klementinum

die den Eingang bewachen, schuf Matthias B. Braun. Das (nicht immer zugängliche) Treppenhaus gilt als das prächtigste des Prager Barock. Das Deckenfresko von Carlo Carlone stellt die Götter auf dem Olymp dar.

Klementinum 13

Parallel zur Karlsgasse bis kurz vor die Karlsbrücke verläuft das ehemalige Jesuitenkolleg Klementinum (Clementinum), der zweitgrößte Gebäudekomplex der Stadt. Nur die Prager Burg ist größer. 1556 schuf der von Ferdinand I. ins Land gerufene Orden hier ein Zentrum der Gegenrefor-

mation mit Schule, drei Kirchen, Theater und Druckerei. Bücher der »Ungläubigen« wurden auf dem Innenhof verbrannt. Nach 1622 wurde den Jesuiten auch die Verwaltung der Karlsuniversität anvertraut. Heute ist in dem Gebäude die Nationalbibliothek untergebracht. Der **Astronomische Turm** und der **Barockbibliothekssaal** können im Stundentakt besichtigt werden.

Dem Kreuzherrenplatz zugewandt ist die ***St.-Salvator-Kirche** (1593–1653) des Klementinums, der bedeutendste sakrale Renaissancebau Prags. Den Eingang bildet ein prächtiges, mit unzähligen Heiligenstatuen geschmücktes Siegestor. Daran schließt sich das lang gezogene ehemalige Kolleg mit 22 Fensterachsen an. Zu den Sehenswürdigkeiten gehört auch die **Spiegelkapelle**, in der häufig Konzerte stattfinden.

Die **St.-Klemens-Kirche** im Klementinum wurde von K. I. Dientzenhofer 1715 barockisiert, die Skulpturen stammen von M. B. Braun. Heute feiert hier die Griechisch-Katholische Gemeinde Gottesdienste. (Eingang in der Karlsgasse.

Karlsgasse 🔢

Zu den belebtesten Gassen der Stadt gehört ohne Zweifel die Karlova, die den Altstädter Ring mit der Karlsbrücke verbindet. Ein Souvenirgeschäft reiht sich hier an das andere. In die meist völlig überteuerten Touristenlokale sollte man jedoch besser nicht einkehren.

Ein typisches Mitbringsel aus Prag sind **Marionetten**, ihre Herstellung hat hier eine lange Tradition. Vergleichen Sie die angebotenen Puppen in den verschiedenen Geschäften, so stellen Sie schnell Unterschiede in Qualität und Preis fest.

An der Ecke zur Seminargasse (Seminářská) steht eines der schönsten barocken Bürgerhäuser der Stadt: Das 1701 errichtete **Haus zum goldenen Brunnen** (U zlaté studny) ist mit Stuckreliefs verziert, die u.a. die Pestheilige Rosalie, den hl. Wenzel und den hl. Nepomuk zeigen.

Kreuzherrenplatz 🔢

Die Karlsgasse mündet auf den Kreuzherrenplatz (Křižovnické náměstí), der von allen vier Seiten von bedeutenden historischen Gebäuden eingeschlossen ist und daher vielen als einer der schönsten Plätze der Hauptstadt gilt. Außerdem eröffnet sich von hier ein überwältigender Blick auf die andere Seite der Moldau, auf die Kleinseite und die Burg.

Die ***St.-Franziskus-Kirche** (Kostel sv. Františka) mit dem ehemaligen Kloster der Kreuzritter nimmt die Nordseite des Platzes ein. Am Haupteingang des ersten barocken Kuppelbaus der Stadt (J. B. Mathey; 1679–1689) stehen Statuen der Madonna und des hl. Nepomuk. Die Fassade schmücken böhmische Patrone. An der rechten Ecke entdeckt man eine Winzersäule mit dem hl. Václav vom ehemals gegenüberliegenden Winzeramt; links neben der Kirche ein neogotisches **Denkmal Karls IV.**, das zum 500. Gründungstag der Universität 1848 errichtet wurde. Die Fresken in der Kirchenkuppel, die das Jüngste Gericht zeigen, schuf W. L. Reiner.

4 ****Karlsbrücke** 🔢

Wer aus den engen Gassen der Altstadt kommt, den lockt natürlich zunächst der Gang über die Karlsbrücke. Die zweitälteste Brücke des Landes ist der eigentliche Mittelpunkt Prags. Die Stadt präsentiert sich als gewaltige Theaterkulisse, die Bühne bilden die 520 m Brückenlänge. Die Schau-

Blick über die Karlsbrücke auf die Burg

spieler sind die Menschen selbst, die die Moldau zu fast allen Tages- und Nachtzeiten überqueren.

Die Kaufleute, die schon im 9. Jh. von West nach Ost zogen, durchquerten die Moldau etwas nördlich der Brücke durch eine Furt. Die erste Brücke, die bereits 1118 erwähnt wurde, war aus Holz errichtet und hielt deshalb dem Moldauhochwasser nicht lange stand. Und auch die erste steinerne Brücke, die den Namen der Königin Judith trug und 1158 die Überwuerung der moldau trockenes Fußes erlaubte, fiel 200 Jahre später einem Hochwas-ser zum Opfer. Danach wollte Karl IV. eine besonders stabile Brücke bauen. Also bat der Architekt Peter Parler die Einwohner umliegender Gemeinden, Eier nach Prag zu bringen, um damit die Bindekraft des Mörtels zu erhöhen. Auch die Bauern aus Rakovník sandten eine beträchtliche Menge. Doch als die Maurer die Eier aufschlagen wollten, stellten sie fest, dass diese abgekocht waren – die Stifter hatten befürchtet, die Eier könnten unterwegs zerbrechen.

Tatsächlich wurde ab 1357 über 100 Jahre lang an der Karlsbrücke

gebaut. Weder der Kaiser noch
sein Architekt erlebten ihre Fertigstellung. Den Menschenmassen
hält die Brücke bis heute ebenso
stand, wie sie der Jahrhundertflut
von 2002 trotzte. Nach der Feier
zum 650. Jubiläum im Jahr 2007
begannen die notwendigen Repa-
raturarbeiten.

Mittelpunkt städtischen Lebens

Karikaturisten, Musiker, Mario-
nettenspieler und Händler – sie
bestimmen heute das Bild der
Karlsbrücke. Doch schon immer
war sie der Ort städtischen

Lebens. Es wurde Markt abgehalten, man fällte Urteile und ergötz-
te sich an Ritterturnieren. Über
die Brücke zogen die böhmischen
Könige auf ihrem Weg zur Krönung im St.-Veits-Dom.

Einer von ihnen musste über
die Brücke freilich Prag auch verlassen: der Winterkönig Friedrich
von der Pfalz, der nach der Niederlage am Weißen Berg gegen
die kaiserlichen Truppen aus der
Stadt floh. Wenig später fand hier
eine entscheidende Schlacht des
Dreißigjährigen Krieges statt. Die
Schweden versuchten, in die Altstadt einzudringen.

Puppenspielerin auf der
Karlsbrücke

Die berühmten
Skulpturen

Ihren ganz besonderen Reiz
gewinnt die Karlsbrücke durch
die barocken Skulpturen, die nach
dem Vorbild der römischen
Engelsbrücke hier aufgestellt wurden und im Gegensatz zu der
strengen gotischen Architektur
stehen. Die 30 Statuen und Statu-
engruppen wurden im Lauf von
mehr als 200 Jahren gefertigt,
wobei die zwischen Ende des 17.
und Anfang des 18. Jhs. geschaf-
fenen Werke zu den Höhepunk-
ten böhmischer Bildhauerkunst
zählen.

So auch die älteste Plastik, die
1683 von Mathias Rauchmüller in
Nürnberg gegossene Bronzestatue
des hl. Nepomuk in der Brücken-
mitte, an der heute die Touristen
in der Hoffnung auf Glück ihre
Hand auflegen. Als die künstlerisch wertvollste Arbeit gilt die
Darstellung der hl. Luitgard von
M. B. Braun an der Treppe zur
Halbinsel Kampa.

Von Anfang an stand auf der
Brücke ein Kruzifix, seit dem
Ende des 17. Jhs. trägt es eine ver-
goldete hebräische Inschrift:
»Heilig, heilig, heilig ist der Herr.«
Bezahlt wurde sie mit dem Straf-
geld eines Juden, der das Kreuz in
den Augen der Christen verspot-
tet hatte, weil er seine Kopfbe-
deckung nicht abnehmen wollte,

Prager Brückensturz

1393 wurde Johannes von Nepomuk auf Befehl Václavs IV. von der Moldaubrücke in den Tod gestürzt. Der Legende nach soll der spätere »Brückenheili-
ge« sich geweigert haben, dem König das Beichtgeheimnis seiner jungen
Gemahlin zu verraten. Tatsächlich jedoch ging es um unterschiedliche Mei-
nungen bei der Besetzung einer Klosterleitung. Johannes wurde wie andere
Königsgegner zunächst gefoltert, überlebte die Torturen jedoch, was Václav
ganz besonders erboste – und ihn zu einem anderen Mittel greifen ließ.
1729 sprach ihn die katholische Kirche im Zuge der Gegenreformation heilig
und schuf so einen der wichtigsten Patrone des Landes.

als er am Kreuz vorbeiging. Da der Zahn der Zeit den Statuen inzwischen schon ziemlich zugesetzt hat, werden sie nach und nach durch Kopien ersetzt.

Die Brückentürme

Als schönster Brückenturm der Gotik gilt der ***Altstädter Brückenturm**, ein Werk Peter Parlers. Vor allem die Darstellungen Karls IV., Václavs IV. und des hl. Veit auf der Ostseite sind Höhepunkte gotischer Bildhauerkunst.

Der Figurenschmuck auf der Westseite der Brücke wurde bei den Kämpfen im Dreißigjährigen Krieg zerstört. Sein Dach erhielt das Tor bei einer neogotischen Restaurierung unter Josef Mocker im Jahr 1878.

Gegenüber erheben sich die **Kleinseitner Brückentürme**, verbunden durch ein wappengeschmücktes Tor. Der kleinere Turm aus dem 12. Jh. war Teil der romanischen Befestigungsanlage, die den Zugang zur Brücke sicherte. Der größere Turm wurde im 15. Jh. als Gegenstück zum Altstädter Brückenturm errichtet. Beide Türme kann man besteigen und das Treiben auf der Karlsbrücke von oben betrachten (April bis Okt. tgl. 10–18 Uhr für die Brückentürme auf beiden Seiten).

Novotný-Steg ⓱

Den **schönsten Blick auf die Karlsbrücke** genießt man vom Novotný-Steg (Novotného lávka). Am Anfang des Stegs befindet sich in einer ehemaligen Badeanstalt die größte Disco Mitteleuropas, »Karlovy Lázně« (Nr. 13, www.karlovylazne.cz), an seinem Ende das überaus sehenswerte **Smetana-Museum** (Nr. 1, Tel. 222 220 082, www.nm.cz, geöffnet tgl. außer Di 10–17 Uhr). Zahlreiche Cafés laden zum Verweilen ein.

*Rudolfinum ⓲ und Kunstgewerbemuseum

Im **Rudolfinum**, einem Neorenaissancebau (J. Zítek und J. Schulz; 1876–1884), tagte von 1918 bis 1938 das tschechoslowakische Parlament. Heute finden hier Konzerte der Philharmonie statt, daher auch der Spitzname »Haus der Künstler«. Ruhe und Abgeschiedenheit bietet das kleine Café. Übrigens spielen Weltstars wie Sarah Brightman im Rudolfinum ihre CDs ein.

Die Sammlungen des gegenüberliegenden **Kunstgewerbemuseums** (Uměleckoprůmyslové muzeum) zeigen Kunsthandwerk von der Antike bis ins 19. Jh., darunter eine exquisite Sammlung von Glaskunst (17. listopadu 2, Tel. 251 093 111, www.upm.cz, Di 10–19, Mi–So 10–18 Uhr).

Die angrenzende **Philosophische Fakultät** der Karlsuniversität besuchte der Student Jan Palach, der sich im Januar 1969 aus Protest gegen die Folgen des militärischen Einmarschs der Staaten des Warschauer Pakts auf dem Wenzelsplatz selbst verbrannte. Seine Büste befindet sich an der Ecke zur Kaprova am Platz nahe der Ⓜ **Staroměstská**, der inzwischen seinen Namen trägt.

Aufbruch in die Moderne

In kaum einer anderen Hauptstadt Europas gibt es so viel und
so außergewöhnlichen Jugendstil
zu bestaunen wie in Prag: die
Glasfenster in leuchtenden Farben im gotischen St.-Veits-Dom,
die eleganten Lüster im Café des
Gemeindehauses, Theaterplakate,
Türgriffe und Kerzenständer.

Duftige florale Ornamente

Eine Besonderheit des Prager
Jugendstils ist seine enge Verbindung zu Neobarock und Neo-
gotik. Obwohl die Künstler
eigentlich etwas ganz Neues
schaffen wollten – daher die französische Bezeichnung Art Nou-
veau –, liebten ihre bürgerlichen
Auftraggeber weiterhin die histo-
risierenden Formen des 19. Jhs.

Bestes Beispiel hierfür ist die
Josefstadt (Josefov), das in der
Gründerzeit umgestaltete ehema-
lige Judenviertel. Erker und
Türmchen wie aus der Zeit der
Gotik finden sich hier ebenso wie
die typischen geometrischen und
duftigen floralen Ornamente des
Jugendstils in ihrer betonten
Leichtigkeit. Zu sehen sind auch
Darstellungen junger, in wallende
Gewänder gekleideter Frauen und
kräftiger Jünglinge.

Perlen des Jugendstils

■ **Gemeindehaus**
Náměstí Republiky 5, Altstadt
Das zwischen 1905 und 1911 u.a. von
Osvald Polívka errichtete Jugendstil-
haus ist für viele eines der schönsten
Gebäude Prags.

■ **Versicherung Praha**
und **Haus Topič**
Národní 7 und 9, Altstadt
Auch diese beiden Bürohäuser wurden
1903 von Osvald Polívka erbaut.

■ **Peterkův dům**

Václavské náměstí 12, Neustadt.
Jan Kotěra war der Architekt des ersten Jugendstilhauses der Stadt (1900).

■ **Grand Hotel Evropa**

Václavské náměstí 25, Neustadt,
Tel. 224 215 387, www.evropahotel.cz
Dryak und Bendlmayer errichteten das Haus 1905. Das Café ist wunderschön, doch die einfachen Zimmer warten auf eine Restaurierung. ●●

■ **Hotel Paříž**

U Obecního domu 1, Altstadt
Tel. 222 195 195, www.hotel-pariz.cz
Interessant ist v.a. die Inneneinrichtung des Restaurants »Sarah Bernhardt«. ●●●

Stilgerecht einkaufen und essen

Souvenirjäger in Sachen Jugendstil haben eine große Auswahl. In den großen Buchhandlungen, z.B. bei Kanzelsberger am unteren Ende des Wenzelsplatzes, gibt es nicht nur prächtige Bildbände, sondern auch Kartenspiele und Kalender im Jugendstil.

Das Alfons-Mucha-Museum bietet einen guten Überblick über die Werke dieses wichtigsten tschechischen Jugendstilkünstlers. Hier kann man Reproduktionen wie etwa die berühmten Darstellungen der Pariser Schauspielerin Sarah Bernhardt kaufen. Ein Mucha-Restaurant mit wunderschönem Jugendstil-Interieur gibt es in der Altstadt.

Im Seitenflügel des Gemeindehauses bietet das Antiquitätengeschäft »Art Décoratif« Kunstgegenstände im Jugendstil an. Nachdem man sich für einen Ohrring oder ein Jugendstil-Service entschieden hat, kann man sich im Französischen Restaurant bei einem üppigen Mahl erholen – natürlich ebenfalls im Jugendstil-Ambiente. Hier wurde übrigens der Film »Ich habe den englischen König bedient« nach Bohumil Hrabals berühmtem Roman gedreht, auch wenn die Handlung des Buchs eigentlich im Hotel Paříž nebenan spielt.

■ **Kanzelsberger**

Václavské náměstí 4, Neustadt

■ **Mucha-Museum**

Panská 7, Neustadt
Tel. 224 216 415, www.mucha.cz

■ **Restaurant Mucha**

Melantrichova 5, Altstadt,
Tel. 224 225 045. ●●

■ **Art Décoratif**

U Obecního domu 2, Altstadt.

■ **Französisches Restaurant im Gemeindehaus**

Náměstí Republiky 5, Altstadt
Tel. 222 002 770. ●●●

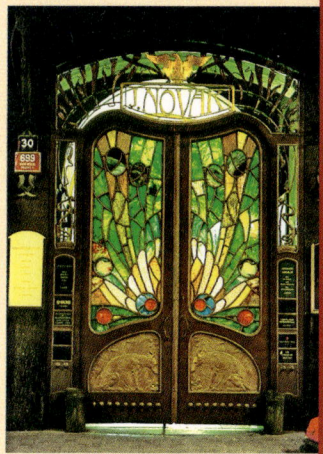

Jugendstil-Glaskunst

5 Durch das jüdische Viertel

Dauer: ca. 4 Std. zu Fuß
Praktische Hinweise: Alle Sehenswürdigkeiten sind am Samstag, dem jüdischen Feiertag Sabbat, geschlossen. Der Ausgangspunkt liegt nahe der Metrostation Ⓜ **Staroměstská.** Man kann die Tour auch an den Altstadtspaziergang (› S. 62) anschließen.

Die ersten Juden, die sich am Fuß des Hradschin und des Vyšehrad niederließen, waren Händler. Die frühesten Belege einer Siedlung jüdischer Geschäftsleute im Bereich der späteren Altneusynagoge stammen aus dem Jahr 1091.

Nur wenige Jahre später nahmen christliche Nachbarn den Aufruf Papst Urbans II. zum Kreuzzug allzu wörtlich: Sie plünderten die jüdischen Siedlungen und zwangen ihre Bewohner, sich taufen zu lassen. Zum »Schutz« der Juden wurde ein ummauertes Stadtviertel angelegt, die Judenstadt. Das Ghetto schrieb zwar den jüdischen Siedlungsraum für Jahrhunderte fest, schützte seine Bewohner jedoch nicht vor Pogromen.

Trotz der beengten Verhältnisse entwickelte sich in der Judenstadt ein vielfältiges intellektuelles und kulturelles Leben, das sich u.a. im Bau der Altneusynagoge ausdrückte, des ältesten jüdischen Gotteshauses in Europa. Mordechaj Markus Maisel, der Finanzberater Kaiser Rudolfs II., ließ als Bürgermeister die Straßen der Judenstadt pflastern, baute das Rathaus und die nach ihm benannte Synagoge, richtete eine Talmudschule ein und stiftete ein Krankenhaus. Auch der legendäre Rabbi Löw, der angebliche Schöpfer des sagenumwobenen Golems (› S. 85, Exkurs »Die Golem-Legende«), hatte im Ghetto seine Wirkungsstätte.

Das 1781 durch Joseph II. erlassene Toleranzedikt verbesserte die Rechtsstellung der Juden: Die Ghettomauer wurde niedergerissen. Doch erst das Revolutionsjahr 1848 brachte ihnen das volle Bürgerrecht. 1850 wurde das Viertel der Verwaltung der Stadt Prag angegliedert und in »Josephstadt« – Josefov – umbenannt. Damit war allerdings auch sein Schicksal besiegelt: Da die reichen Juden nun in bessere Stadtviertel umziehen konnten, wurde Josefov erneut zum Ghetto – zu dem der ärmsten jüdischen wie christlichen Bewohner der Stadt.

In der Gründerzeit Ende des 19. Jhs. wurde das Viertel mit seinen engen Gassen dann größtenteils abgerissen und durch groß angelegte Jugendstilbauten ersetzt. Die wichtigsten Gebäude wie die Synagogen und der Alte Jüdische Friedhof blieben jedoch zum Glück erhalten.

*Pinkassynagoge 🔟

Von der Metrostation Ⓜ **Staroměstská** erreicht man die Synagoge, die nach der berühmten jüdischen Familie Pinkas benannt ist. In historischen Quellen wird der Bau erstmals 1492 erwähnt, bei Ausgrabungen fand man in seinen Fundamenten jedoch Reste einer romanischen Synagoge aus dem 11. Jh. Das gotische Netzgewölbe stammt von 1535, zu Beginn des 17. Jhs. wurde das Hauptschiff (Thoraschrein, Almemor im Renaissancestil) um die Frauengalerie erweitert.

Nach dem Ende des Zweiten Weltkriegs verfiel die Synagoge langsam, bis sie in den 1950er-Jahren verstaatlicht und zu einer Gedenkstätte für die jüdischen Opfer des Nationalsozialismus umgestaltet wurde. An den Wänden wurden nach Herkunft und Familienzugehörigkeit geordnet die Namen von 77 297 ermordeten Juden aus Böhmen und Mähren aufgelistet. In den folgenden Jahren drang wiederholt Wasser in das Gebäude ein und zerstörte die Inschriften, der Bau blieb über Jahre hinweg geschlossen. Von 1984 bis 1996 wurde er umfassend restauriert.

🔴 Sammelticket an der Pinkassynagoge (300 Kronen, in der Hochsaison Wartezeiten einplanen), das auch den Besuch des Friedhofs, der Maisel-, Klausen- und Spanischen Synagoge beinhaltet. Weitere 200 Kronen kostet das Ticket für die Altneusynagoge.

Öffnungszeiten: Apr.–Okt. Mo–Fr 9–18, Nov.–März 9–16.30 Uhr,

Auf dem Alten Jüdischen Friedhof

Gruppen nur nach Voranmeldung; Tel. 222 317 191, www.jewishmusem.cz

Der ***Alte Jüdische Friedhof 🔟

Die Pinkassynagoge bildet heute auch den Eingang zum Alten Jüdischen Friedhof, auf dem von 1439 bis 1787 alle in Prag ansässigen Juden bestattet wurden. Da der Platz im Ghetto jedoch knapp war, mussten die Toten übereinander beerdigt werden. So erklärt sich, warum die rund 12 000 Grabsteine so eng und auf unterschiedlichem Niveau nebeneinander stehen. Die ältesten Grabmäler wurden in schlichter Form aus Sandstein gehauen, die jüngeren sind aus Marmor. Je näher die Entstehungszeit der Gegenwart kommt, desto prächtiger sind sie gestaltet. Nach 1787 entstanden außerhalb des nun aufgehobenen Ghettos neue jüdische Friedhöfe.

Das meistbesuchte Grab ist das des Jehuda Löw ben Bezalel, besser bekannt als Rabbi Löw (gest. 1609), des legendären Schöpfers

Markantestes Gebäude der alten Judenstadt: die Altneusynagoge

des Golems. Unzählige kleine Zettel liegen auf und in der Tumba, sie enthalten Wünsche, die der Rabbi den Besuchern seines Grabs erfüllen soll. Im neoromanischen Zeremoniensaal am Eingang des Friedhofs informiert eine Ausstellung über die traditionelle jüdische **Begräbniszeremonie**.

Altneusynagoge 21

Das architekturgeschichtlich wertvollste Denkmal der Josephstadt stammt aus der zweiten Hälfte des 13. Jhs. und ist eines

der ersten frühgotischen Bauwerke Prags. Es ist die älteste Synagoge auf europäischem Boden, die noch immer als Gebetshaus genutzt wird.

Im Vorraum, dem ältesten Teil der Synagoge, sieht man eine Truhe, die zur Aufbewahrung der Judensteuer bestimmt war. Diese war einst jeweils am Sabbat und an jüdischen Feiertagen an die Steuereintreiber der jüdischen Gemeinde zu entrichten. Über dem Eingang ins Hauptschiff blieb ein gotisches Tympanon erhalten. Weinreben symbolisieren die Stämme Israels und die drei zu dieser Zeit bekannten Erdteile. Den zweischiffigen Hauptraum, der von Zisterzienserbaumeistern errichtet wurde, überspannt ein auf sechs Pfeilern ruhendes Gewölbe. In früheren Zeiten, zu denen die Juden noch kein Rathaus besaßen, wurden in dem einen Flügel die Angelegenheiten der Gemeinde geregelt, in dem anderen wurde gebetet. Da nur die Männer den Hauptraum betreten durften, musste für die Frauen eine eigene Galerie errichtet werden. Durch schmale Schlitze konnten sie von dort aus den Gottesdienst verfolgen.

Vom Almemor (Thorabühne) in der Mitte der Synagoge wird aus der Thora vorgelesen. Er ist von einem hohen schmiedeeisernen Gitter umgeben. Die Ein-

Die Golem-Legende

Der geistige Umbruch an der Schwelle vom Mittelalter zur Neuzeit, als der Mensch sich der Möglichkeiten seines Verstands bewusst wird, aber immer wieder an dessen Grenzen scheitert, hat berühmte Legenden hervorgebracht. Die Faustsage etwa gehen wohl auf den englischen Alchimisten Edward Kelly zurück, den Kaiser Rudolf II. nach Prag holte. Im Fausthaus (❭ S. 125) am Karlsplatz soll er seine Seele dem Teufel verschrieben haben und durch die Decke seines Laboratoriums direkt zur Hölle gefahren sein.

Nicht minder bekannt ist die Golem-Legende, die die Nachwelt dem Schriftgelehrten Jehuda Löw ben Bezalel angedichtet hat – einem originellen Denker, der die jüdische Theologie und Philosophie nachhaltig beeinflusste, besser bekannt als Rabbi Löw.

Er soll einen künstlichen Menschen aus dem Schlamm der Moldau geschaffen und zum Leben erweckt haben – den Golem. Dieses Geschöpf aus Ton und Lehm sollte Verbrechen in der jüdischen Gemeinde bekämpfen. Doch eines Abends entzog sich der Golem der Kontrolle seines Schöpfers und entwickelte große Zerstörungswut. Gerade noch rechtzeitig gelang es Rabbi Löw, das Zeichen des Lebens wieder aus dem Mund des Golems zu entfernen, und er zerfiel zu Asche und Staub. Der Überlieferung nach ruhen seine unsterblichen Reste unter dem Ziegelgiebel der Altneusynagoge.

Die Golem-Legende lässt sich auch als eine Parabel auf unser wissenschaftliches Weltverständnis lesen. Demnach erscheint der Golem als der Fluch des modernen Zauberlehrlings, den er selbst herbeigerufen hat und den er nun nicht wieder loswird.

Der tschechische Schriftsteller Karel Čapek hat dieses Szenario bereits 1921 in seinem Drama »RUR« (Rossum's Universal Robots) entworfen, in dem sich Maschinenmenschen gegen die eigenen Schöpfer erheben. Čapeks Wortschöpfung »Roboter« für diese Maschinen ist mittlerweile in alle Weltsprachen eingegangen.

gangstür zeigt den sogenannten Schwedenhelm, den die Prager Juden – wie später den gelben Stern – tragen mussten.

*Jüdisches Rathaus 22

Neben der Altneusynagoge steht das einzige jüdische Rathaus außerhalb Israels. Über 40 000 Juden lebten vor dem Zweiten Weltkrieg in Prag, in der sozialistischen Zeit waren es um die 800. Seit 1989 bekennen sich wieder mehr Juden zu ihrem Glauben, und so wuchs die Gemeinde auf rund 1500 Mitglieder an. Charakteristisch sind die beiden Uhren am barocken Glockenturm des Gebäudes. Eine davon besitzt ein hebräisches Zifferblatt, ihre Zeiger bewegen sich entgegen dem sonst üblichen Uhrzeigersinn.

Restaurants

Im jüdischen Viertel mangelt es an preiswerten Lokalen.
Eine »gesunde« Adresse ist das
Echt gut! **Bio Café** (Kaprova 9, Tel. 222 310 098, www.bio-cafes.com, ●) nur zwei Fußminuten vom Rathaus entfernt.
Echt gut! Vom noblen Restaurant **Zlatá Praha** im Hotel InterContinental (Náměstí Curieových 5, Tel. 296 630 914, www.zlatapraharestaurant.cz, ●●●) kann man während des berühmten Sonntagsbrunchs einen der schönsten Blicke auf die Türme der Altstadt genießen.
In der Pariser Straße lockt das asiatisch
Echt gut! angehauchte **Restaurant Barock** (Pařížská 24, Tel. 222 329 221, www.barockrestaurant.cz, ●●●) mit Sushi und fein gewürzten Gemüsen.

Klausen- und Maiselsynagoge

Die **Klausensynagoge** neben dem Friedhof wurde Ende des 17. Jhs. im Barockstil errichtet, die **Maiselsynagoge 23** in der Maiselova 10 stammt ursprünglich aus dem Jahr 1560, wurde jedoch 1893 neu erbaut. In beiden Synagogen wird eine Sammlung sakraler jüdischer Gegenstände gezeigt, die – so seltsam es auch klingen mag – auf das Dritte Reich zurückgeht. Die Nationalsozialisten wollten in dem von ihnen besetzten Prag das »exotische Museum einer ausgestorbenen Rasse« einrichten und ließen deshalb Thorarollen, Thorakronen, Thoraschilder, siebenarmige Leuchter und zigtausende anderer Glaubenszeugnisse aus vielen Gemeinden Böhmens und Mährens nach Prag bringen.

*Spanische Synagoge 24

Am Rand des jüdischen Viertels in der Vězeňská liegt die prunkvolle Spanische Synagoge, die 1868 anstelle einer alten Schule aus dem 12. Jh. ganz im maurischen Stil für moderne reformierte Juden errichtet wurde. Die prächtige Inneneinrichtung des zentralen Kuppelgebäudes erinnert an die Alhambra im spanischen Granada. Eine ständige Ausstellung dokumentiert die Geschichte der Juden in Böhmen und Mähren von der Emanzipation bis in die Gegenwart.

Der Vrtba-Garten unterhalb des Laurenzibergs

6 Die Kleinseite

Nicht verpassen!

- Im versteckten Vrtba-Garten die Ruhe der Kleinseite auf sich wirken lassen
- Das Ausmaß einstiger Adelssitze im Palais Waldstein bestaunen
- Mit der Seilbahn auf den Laurenziberg fahren
- Vom Turm der St.-Niklas-Kirche die Aussicht auf die Kleinseitner Dächer genießen
- Auf der Kampainsel flanieren

Zur Orientierung

Das Stadtviertel Kleinseite unterhalb der Burg, in dem die meisten Prager gern leben würden, konnte seit mehr als eineinhalb Jahrhunderten sein Aussehen fast unverändert bewahren. 1257 gegründet, erhielt es seinen heutigen Namen erst nach der Entstehung der Neustadt. Denn von da an bildete die Bebauung auf dieser Seite der Moldau die »kleinere Seite« Prags.

Entscheidend für das heutige Aussehen der Kleinseite war der große Stadtbrand von 1541. An der Stelle von Bürgerhäusern baute nun in unmittelbarer Nähe zum Königshof der Adel seine Renaissancepaläste. Im Zuge des Baubooms der siegreichen Katholiken nach dem Dreißigjährigen Krieg erhielt das Viertel dann sein barockes Gewand.

Im Gegensatz zu den anderen Stadtteilen war die Kleinseite stets ein multikulturelles Viertel, hier lebten Deutsche, Österreicher, Juden und Tschechen, Adelige und Handwerker in bunter Mischung. Die große Zeit der Kleinseite ging erst in der ersten Hälfte des 20. Jhs. zu Ende. Nach der Gründung der Tschechoslowakei 1918 verließ zunächst der österreichische Adel die Hauptstadt; während der deutschen Besatzung im Zweiten Weltkrieg mussten die Juden fliehen oder wurden umgebracht, und nach dem Krieg wurden schließlich die Deutschen vertrieben.

Zentrum des grünen Viertels ist der Kleinseitner Ring, beherrscht von der St.-Niklas-Kirche mit ihrer Barockkuppel. Noch mehr Barock gibt es in der Kirche des Prager Jesuleins und auf dem Malteserplatz. Über die romantische Halbinsel Kampa erreicht man schließlich die belebte Brückengasse und die Karlsbrücke. Zur Kleinseite gelangt man am besten mit der Metro.

»Trabbi auf vier Beinen« (deutsche Botschaft im Palais Lobkowitz)

Tour auf der Kleinseite

Rundgang durch die Kleinseite

– ❸ – *Palais Waldstein ›
*Palastgärten › **Kleinseitner Ring › Karmelitergasse ›
Malteserplatz › *Kampainsel

Dauer: 3–4 Std. zu Fuß
Praktische Hinweise: Idealerweise früh am Vormittag oder aber am späteren Nachmittag, weil sich die malerische Kleinseite einfach nicht mit Menschenmengen verträgt. Das Palais Waldstein kann nur Sa und So besichtigt werden. Ausgangspunkt ist die Metrostation Ⓜ **Malostranská.**
Wer den Altstadt-Spaziergang › S. 62 auf den Spuren des einstigen Krönungswegs fortsetzen möchte, beginnt an der Karlsbrücke und geht über den Kleinseitner Ring und die Nerudagasse direkt hinauf zur Prager Burg.

*Palais Waldstein ❶

Albrecht von Waldstein ist seit Schillers Drama in Deutschland unter dem Namen Wallenstein bekannt. Sein tschechischer Name lautet dagegen Valdštejn – der Stammsitz der Familie liegt neben einem großen Stein in den Wäldern Nordböhmens.

Der ursprünglich protestantische Waldstein trat in den Dienst des katholischen Kaisers und erwarb sich während des Dreißigjährigen Kriegs nicht nur große Verdienste, sondern auch ein riesiges Vermögen. So konnte er bereits zu Beginn der Zwanzigerjahre des 17. Jhs. direkt unterhalb der Burg 26 Häuser und drei Gärten aufkaufen, um hier den ersten profanen Barockpalast Prags zu errichten.

Angesichts des Monumentalbaus, der sich um fünf Innenhöfe gruppierte, warf man dem Feldherrn jedoch bald vor, höhere Ambitionen zu haben. Missgunst und Inrigen führten dazu, dass Kaiser Ferdinand II. schließlich seinen Generalissimus 1634 im westböhmischen Eger (Cheb) ermorden ließ.

Vor diesem Hintergrund mutet die Hauptfassade des Palais in der Valdštejnská jedoch eher bescheiden an. Berühmt ist der ausgedehnte Garten (Eingang in der Letenská) mit einer dreiteiligen Sala terrena und Bronzestatuen von Adrian de Vries. Heute ist das Palais Sitz des tschechischen Senats (Oberhaus des Parlaments) und für Besucher nur am Wochenende zugänglich, dafür aber gratis.

Übrigens gilt die unterhalb des Palais Waldstein gelegene Metrostation Ⓜ **Malostranská** als eine der schönsten der Stadt, denn sie liegt direkt neben den barocken Pferdeställen.

*Palastgärten unter der Prager Burg 2

Am Valdštejnské náměstí 3 und in der Valdštejnská 12–14 befinden sich die Zugänge zu den erst vor Kurzem umfassend restaurierten Barockgärten unterhalb der Prager Burg. Exotische Pflanzen und Barockstatuen, plätschernde Brunnen und Aussichtstürme bestimmen das romantische Ambiente der sehenswerten Terrassenanlagen.

Früher haben adelige Familien wie die Pálffys, die Kolowrats, die Fürstenbergs und die Ledebours hier Konzerte gegeben und auch selbst Theater gespielt. Der Spaziergang gilt heute noch als Geheimtipp. Die Gärten sind miteinander verbunden und auch vom Burggarten aus zugänglich (Apr.–Okt. tgl. 10–18, im Sommer bis 21 Uhr; › auch S. 109).

Einen besonders schönen Blick auf die Gärten bietet die Terrasse des Palais Pálffy. Im barocken Adelspalast lockt das **Pálffy-Restaurant mit wundervollem Ambiente** und moderner tschechischer Küche (Valdštejnská 14, Tel. 257 530 522, www.palffy.cz, ●●●).

Echt gut!

**Kleinseitner Ring 3

Im Gegensatz zum Altstädter Ring auf der anderen Seite der Moldau besteht der im 13. Jh. angelegte Kleinseitner Ring (Malostranské náměstí) nicht nur aus einem, sondern aus gleich zwei Plätzen. Seit jeher wurde er von der – seinerzeit noch gotischen – St.-Niklas-Kirche geteilt.

Drei Seiten des Kleinseitner Rings werden von mehreren mächtigen Adelspalais beherrscht. Historisch bedeutsam ist vor allem das an der Ecke zur Letenská liegende **Kleinseitner Rathaus** (Nr. 21). In ihm wurde 1575 die Böhmische Konfession unterzeichnet, die dem Land für 40 Jahre die Religionsfreiheit sicherte.

Im schräg gegenüber gelegenen **Palais Smiřick** (Nr. 18) wurde

1618 der zweite Prager Fenstersturz (> S. 107, Exkurs »Prager
Fensterstürze«) beschlossen, der
in der Folge den Dreißigjährigen
Krieg auslöste.

In den sich anschließenden
Gebäuden sind seit einigen Jahren
die Büros der tschechischen Par-
lamentsabgeordneten untergebracht, die im nahe gelegenen
Parlament im Thunovský palác
in der Straße Sněmovní zu ihren

regelmäßigen Sitzungen zusam-
menkommen.

Den westlichen Abschluss des
Platzes bildet das **Palais Liechtenstein**, das fünf Bürgerhäuser
in sich vereint. Zwischen 1620
und 1627 lebte hier Karl von
Liechtenstein, Statthalter des
Kaisers, der als brutaler Protes-
tantenverfolger zu zweifelhafter
Berühmtheit gelangte. Heute ist
in dem Gebäude die Musik-

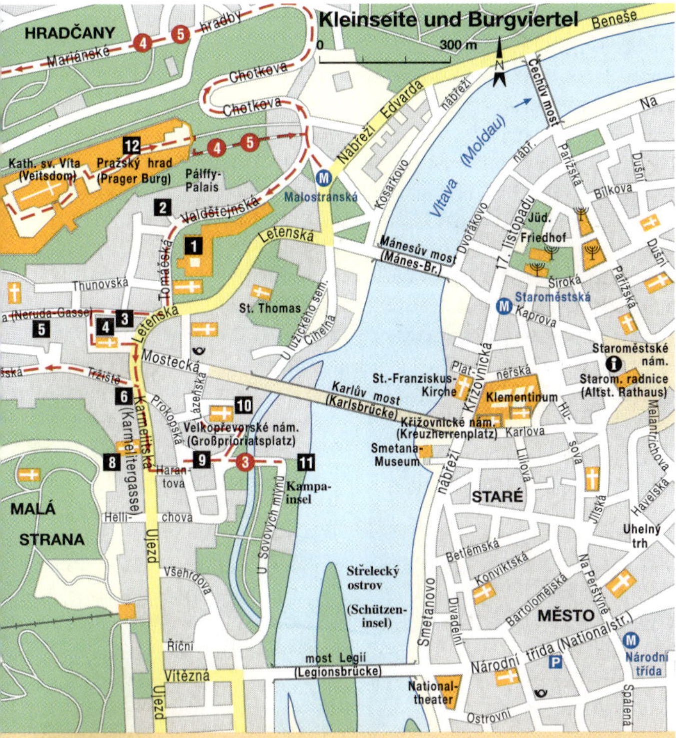

Kleinseite und Burgviertel

0   300 m

8	St. Maria de Victoria	— 4 — Burg	16	Neue Welt
9	Malteserplatz	12 Prager Burg	17	Hradschiner Platz
10	St. Maria unter der Kette	> Extraplan S. 101	13 Kloster Strahov
11	Kampainsel		14 Loreto-Kirche
		— 5 — Burgviertel	15 Palais Czernin

91

akademie beheimatet, entsprechend häufig werden hier klassische Konzerte gegeben.

Im Haus »Zum steinernen Tisch« in der Mitte des Kleinseitner Rings wurde 1874 das Café Radetzky eingerichtet und entwickelte sich schnell zu einem beliebten Treffpunkt der deutschsprachigen Literaten um Franz Kafka und Max Brod. Das spätere **Kleinseitner Kaffeehaus** überstand zwar den Sozialismus, aber nicht den neuen Zeitgeist: Inzwischen hat sich hier Starbucks einquartiert, also »coffee to go« statt Kaffeehauskultur.

St.-Niklas-Kirche 🛂

Das Hauptwerk des böhmischen Barock, die St.-Niklas-Kirche (Kostel sv. Mikuláše), betritt man vom oberen Teil des Kleinseitner Rings aus. Die Kirche entstand nach Plänen von Vater und Sohn Dientzenhofer; in der kunsthistorischen Literatur hat man sie als eine »Symphonie schwingender Räume« bezeichnet. Unter Vater Christoph wurden zwischen 1703 und 1717 Hauptschiff, Seitenkapellen, Galerien und die Westfassade errichtet. Sein Sohn Kilian Ignaz schuf 30 Jahre nach Baubeginn den Chor und die mächtige Kuppel. 1755 fügte Anselmo Lurago den Glockenturm an, der übrigens nicht der Kirche gehört und auch über einen separaten Eingang verfügt (Apr.–Nov. tgl. 10–18 Uhr).

Die 75 m hohe **Kuppel** wird von einem Fresko F. X. Palkos geschmückt, das Gottvater, Christus, den hl. Nikolaus, Kirchenväter, Apostel und Engel darstellt. Im **Deckenfresko** über dem Hauptschiff, das mit sage und schreibe 1500 m² zu den größten Europas zählt, zeigt Johann Lukas Kracker die Verherrlichung des Kirchenpatrons: Ein Priester verteilt gesegnetes Wasser, eine fantastische Küstenlandschaft erinnert an die damaligen Vorlieben der Prager Kaufleute. Den Sieg des katholischen Glaubens symbolisieren die überlebensgroßen Statuen der vier Kirchenväter im Chor. Mit ihren Bischofsstäben stoßen sie die Ungläubigen in die Tiefe (tgl. 9–16.30, im Winter bis 15.30 Uhr).

Wenige Tage nach dem Tod von Wolfgang Amadeus Mozart fand in St. Niklas das erste Requiem für den in Prag so beliebten Künstler statt. Über 120 Sänger beteiligten sich daran. Oft hatte

Kuppelfresko in St. Niklas

Mozart hier auf der Orgel gespielt, denn der gewaltige barocke Raum verfügt über eine hervorragende Akustik. **Auch heute werden hier fast jeden Tag klassische Konzerte aufgeführt**.

Nerudagasse 5

Als Nabelschnur durch die Kleinseite gilt die Nerudagasse (Nerudova), die vom Kleinseitner Ring steil hinauf zur Burg ansteigt und den letzten Teil des Krönungswegs der böhmischen Könige bildete. Heute haben sich in den vielen barocken Bürgerhäusern mit ihren schmucken Hauszeichen zahlreiche Souvenirgeschäfte und Restaurants eingemietet, andere wiederum wurden zu romantischen Hotels umgewandelt.

Die Gasse ist nach dem wichtigsten tschechischen Schriftsteller des 19. Jhs., Jan Neruda (1834 bis 1891), benannt. Er lebte gleich in mehreren Häusern: zunächst in Nr. 25, dann im Haus »Zu den zwei Sonnen« (Nr. 47) und schließlich im Haus »Zu den drei schwarzen Adlern« (Nr. 43), dem jetzigen **Design & Style Hotel Neruda mit romantischer Terrasse** direkt unterhalb der Prager Burg (Nerudova 43, Tel. 257 535 557, www.hotelneruda.cz ●●●).

Buch-Tipp Jan Neruda, **Kleinseitner Geschichten,** Vitalis 2005. Anschaulich und lebendig schildert Neruda in seinen »Kleinseitner Geschichten« das Leben der Dienstboten, Händler und Studenten, der deutschen, tschechischen und jüdischen Bewohner.

Der versteckte *Vrtba-Garten 6

Unterhalb des Laurenziberges liegt der Barockgarten der Familie Vrtba (Vrtbovská zahrada), der zusammen mit deren Palais 1720 von František Maxmilián Kaňka gestaltet wurde. Für viele Prager gilt er als der romantischste aller Prager Gärten, der glücklicherweise auch etwas abseits der ausgetretenen Touristenpfade liegt.

Die Statuen wurden von dem Bildhauer Matyáš Bernard Braun gestaltet, die Fresken von dem Maler Václav Vavřinec Reiner. Die Gestaltung der Sala Terrena wurde bis heute nicht verändert (Apr.–Sept. tgl. 10–18, Okt. bis 17 Uhr; www.vrtbovska.cz)

Die romantischsten Plätzchen in Prag

■ Es gibt kaum ein ruhigeren Ort zum Verweilen in der Natur als den versteckten **Vrtba-Garten** ＞ S. 93.

■ Der **Laurenziberg** ＞ S. 48, 94 zieht seit jeher die einheimischen Liebespaare an, die sich am 1. Mai unter den blühenden Bäumen küssen.

■ Die verträumte **Kampainsel** ＞ S. 95 unter der Karlsbrücke lockt mit kleinen Restaurants und Spazierwegen direkt an der Moldau.

■ Auf der **Slawischen Insel** ＞ S. 124 kann man Ruder- und Tretboote für einen romantischen Ausflug auf der Moldau mieten.

■ Die Aussicht auf Karlsbrücke und Prager Burg kann man am besten am **Novotný-Steg** ＞ S. 79 genießen.

Am Fuß des Laurenzi- bergs

Vom unteren Teil des Kleinseitner Rings führt die malerische Karmelitergasse (Karmelitská) durch ein Viertel, das lange Zeit unter der Verwaltung des Malteser Ritterordens stand. Rechts führt die steile Gasse Vlašská zur Deutschen Botschaft im **Palais Lobkowitz** ⏹. Dessen Balkon genießt besondere Berühmtheit: Im September 1989 teilte der damalige Bundesaußenminister Hans-Dietrich Genscher den etwa 4000 in die Botschaft geflohenen DDR-Bürgern mit, dass sie ungehindert in die Bundesrepublik ausreisen können. Als Symbol schuf der tschechische Künstler David Černý einen **Trabbi auf vier Beinen** Das Original steht im Zeitgeschichtlichen Forum in Leipzig, die Kopie kann auf der Rückseite des Palasts durch den Zaun fotografiert werden (❯ Foto S. 88).

St. Maria de Victoria ⏹

Folgt man der Karmelitergasse weiter nach Süden, erreicht man die Wallfahrtsstätte St. Maria de Victoria (Panna Marie Vítězné). Sie wurde Anfang des 17. Jhs. für die in Prag ansässigen deutschen Lutheraner erbaut, ging aber nach der Schlacht am Weißen Berg (1620) in den Besitz der Karmeliterinnen über.

Die stets sehr zahlreichen Besucher kommen freilich weniger wegen des üppigen barocken Interieurs in die Kirche. Anziehungspunkt vor allem für Italiener und Spanier ist das Bambino di Praga,

das **Prager Jesulein**, von dessen Wundern unzählige Votivtafeln erzählen. Die 47 cm große Wachsfigur war ein Geschenk von Polyxena von Lobkowitz an den Orden. Die 60 Kleider, die die Gläubigen dem Kind einst verehrten, werden ihm bis heute abwechselnd angezogen. Kaiserin Maria Theresia höchstselbst stiftete dem Jesulein ein Gewand.

⚠️ Wer die Kleinseite von oben betrachten will, kann durch die Karmelitergasse weiter nach Süden bis zur Straße Újezd gehen. Hier liegt die Talstation der **Standseilbahn** auf den Laurenziberg (Petřín ❯ S. 48, »Grüne Oasen«).

Malteserplatz ⏹

Der Malteserplatz (Maltézské náměstí) östlich der Karmelitergasse wird von einer Statue Johan-

Die John-Lennon-Mauer

Abseits der Touristenwege am verträumten Großprioratsplatz (Velkopřevorské náměstí) gegenüber der französischen Botschaft steht die John-Lennon-Gedächtnismauer. Vor der Wende versammelten sich hier am Todestag des Beatles-Musikers im Dezember seine Fans, um mit Liedern und Wandmalereien gegen die Ächtung westlicher Rockmusik im Land zu protestieren. Die kleine Demonstration wurde von der Polizei meist schnell aufgelöst, die Wand übermalt. Doch bis heute gibt es immer wieder neue Grafitti.

Blick über die Kleinseite auf die berühmte Burg der Hauptstadt

nes des Täufers dominiert (Ferdinand Maximilian Brokoff, 1715). Ihn wählten die Malteserritter zu ihrem Schutzheiligen. Ihr Orden hatte sich bereits 1169 hier niedergelassen, um den Zugang zur einzigen Moldaubrücke zu sichern. Die Kirche **St. Maria unter der Kette** 🔟 (Kostel Panny Marie pod řetězem) bildete einst den Mittelpunkt ihres Klosters. Von der ursprünglich romanischen Basilika stehen nur noch die Außenmauern des Seitenschiffs.

An der Südseite wird der Platz vom **Palais Nostitz** (1658–1660) begrenzt, heute Sitz des Kulturministeriums. Das Rokokoportal stammt von A. Haffenecker, die Statuen der Imperatoren sind Kopien von Figuren F. M. Brokoffs.

Auch Feinschmecker kommen auf dem Malteserplatz auf ihre Kosten: Das beste Entrecôte der Stadt wird im Café de Paris serviert (Maltézské náměstí 4, Tel. 603 160 718, www.cafeparis.cz, ●●).

Echt
gut!

7 *Kampainsel 🔢

Die Kampa ist eine verträumte Halbinsel unterhalb der Karlsbrücke zwischen der Moldau und ihrem Seitenarm Teufelsbach (Čertovka). Sie lockt mit zahlreichen Restaurants auf dem malerischen Platz Na Kampě, kleinen Antiquitätenläden, einem Park mit toller Aussicht über die Moldau auf die Altstadt sowie gelegentlichen Darbietungen von Szenen aus dem 17. Jh. im »Centrum historie«. Kleine Boote ermöglichen unerwartete Ausblicke auf das »Prager Klein-Venedig«. Eine Treppe führt zur Karlsbrücke hinauf, ein anderer Zugang liegt beim Großprioratsplatz (Velkopřevorské náměstí) hinter einer noch aktiven Wassermühle.

Das Burgviertel

Nicht verpassen!

- Die Prager Burg am Nachmittag besuchen, wenn der Touristenansturm vorbei ist
- Den Blick von der Burgrampe über Kleinseite und Altstadt schweifen lassen
- In den kleinen Häuschen im Goldenen Gässchen nach Souvenirs stöbern
- Zur vollen Stunde dem Glockenspiel der Loreto-Kirche lauschen
- Das Flair der Gasse Nový Svět genießen

Zur Orientierung

Die Prager Burg ist unbestritten die bedeutendste historische Sehenswürdigkeit des ganzen Landes. Als Sitz von Kaisern und Königen, Kardinälen und Präsidenten bildet sie seit mehr als 1000 Jahren das politische und kulturelle Zentrum der Nation.

Prägend für die Silhouette des Gebäudekomplexes ist der von Nicolaus Pacassi im klassizistischen Stil errichtete Flügel, der seinerseits von den Türmen des St.-Veits-Doms überragt wird. Er verleiht der 450 m langen und 150 m breiten Anlage eher den Charakter eines Schlosses als den einer Burg.

Häufig wird das Burgareal auf Deutsch Hradschin genannt in Anlehnung an das tschechische Wort Hradčany, das allerdings das ganze Burgviertel und nicht nur die Burg bezeichnet. Dieser Stadtteil wird durch eine Vielzahl von Adelspalästen und einigen Botschaften charakterisiert. Neben der Prager Burg selbst zählen insbesondere das Strahov-Kloster und das Loreto-Heilligum zu den Highlights des Burgviertels.

Auf der Burg kann man leicht einen ganzen Tag verbringen, das Minimum sollten aber drei Stunden sein. Die Burg hat täglich geöffnet, meiden Sie aber besser den Samstagvormittag mit seinen Unmengen an Reisegruppen und den langen Schlangen vor dem St.-Veits-Dom. Am Sonntagvormittag ist der Dom für Touristen geschlossen; selbstverständlich sind aber Besucher zu den Messen (8, 9.30, 11 Uhr) willkommen. Ein romantisches Erlebnis ist der Besuch der Burganlage am Abend, auch wenn die Einrichtungen dann bereits geschlossen sind.

Die jeweils zwei Tage gültigen Kombitickets zu 250 bzw. 350 Kč für eine kleine oder große Tour beinhalten neben Einrichtungen wie dem Alten Königspalast und dem Südturm des ansonsten eintrittsfreien Doms das Goldene Gässchen, für welches tagsüber keine Einzeltickets erhältlich sind. Der prunkvolle Spanische Saal ist jedoch nur bei kulturellen Anlässen wie Konzerten und Galadinners zugänglich. Nur zweimal im Jahr sind alle Innenräume der Prager Burg (sogar gratis) zugänglich; meist am Samstag nach dem 8. Mai und 28. Oktober; die genauen Tage werden vorher bekannt gegeben.

Zu erreichen ist das Burgareal am besten mit den Straßenbahnlinien 22 und 23, die von der Metrostation Malostranská zwei Haltestellen zur Burg hochfahren. Wer mag, kann auch gerne dem Krönungsweg folgen und über die Karlsbrücke durch die Kleinseite entlang der Nerudova zur Burg aufsteigen.

Blick über die Kleinseite hinauf zur Prager Burg

Touren im Burgviertel

8 ***Die Prager Burg 12

– 4 – Hradschiner Platz ›
***Prager Burg

Dauer: 3 Std. zu Fuß
Praktische Hinweise: Am besten nachmittags, wenn der größte Ansturm vorbei, aber alles noch geöffnet ist. Ausgangs- und Endpunkt ist die Ⓜ **Malostranská** unterhalb der Burg auf der Kleinseite. Von hier fahren die Straßenbahnen 22 und 23 bis zur Prager Burg (Haltestelle Pražský hrad). Der Rückweg zur Metrostation erfolgt zu Fuß.

Wer nur wenig Zeit für einen Besuch auf der Prager Burg hat, geht kurz vor dem nördlichen Eingang des Burgareals rechts in den Basteigarten und von dort auf den Hradschiner Platz (Hradčanské náměstí, › S. 113), wo man noch die herrliche Aussicht über die Stadt genießen kann, bevor man mit der Besichtigung beginnt.

Geschichte

Im letzten Viertel des 9. Jhs. gründete Fürst Bořivoj I. aus dem Geschlecht der Přemysliden auf einem Felsen über der Moldau die Prager Burg (Pražský hrad; Einrichtungen Apr.–Okt. tgl. 9–18, Nov.–März 9–16 Uhr, Areal Apr. bis Okt. 5–24, Nov.–März 6 bis 23 Uhr). Hier, oberhalb der schnell wachsenden Stadt, durch die wichtige europäische Handelswege führten, entstand zur gleichen Zeit auch das zweite christliche Heiligtum des Landes, die heute nicht mehr erhaltene Marienkirche. Von Anbeginn an war die Burg daher auch ein kirchliches Machtzentrum.

Zwischen 915 und 921 wurde die Georgskirche errichtet, von 926–929 die St.-Veits-Rotunde, an deren Stelle im 11. Jh. eine romanische Basilika entstand. Mit der Erhebung der Burg zum Bischofssitz 973 setzte Rom ein Symbol für eine systematische Christianisierung der noch weitgehend heidnischen Slawen. Als Vladislav II. 1158 König von Böhmen wurde, gestaltete er seinen Fürstensitz zum repräsentativen Königspalast um.

Unter Kaiser Karl IV. (1346 bis 1378), der Prag zum Zentrum des Heiligen Römischen Reichs erhob, wurden die Weichen für die weitere architektonische Entwicklung der Stadt gestellt: Er ließ die Residenz großzügig ausbauen und legte den Grundstein für den St.-Veits-Dom.

Seine Nachfolger zeigten allerdings weniger Interesse an der Burg und residierten stattdessen im Königshof in der Altstadt. Erst König Vladislav II. Jagiello zog Ende des 15. Jhs. wieder auf die

Die Prager Burg auf dem Hradschin ist Touristenmagnet Nummer eins

Burg und veranlasste deren Erweiterung.

Die Renaissance hielt im großen Stil unter den Habsburgern Einzug, die 1526 den böhmischen Thron bestiegen. Unter Kaiser Rudolf II. (1576–1612), der die wissenschaftliche und künstlerische Elite Europas an seinem Hof versammelte und den spanischen Saal und die Rudolf-Galerie in der Burg errichten ließ, wurde Prag noch einmal zum Mittelpunkt des Reichs – allerdings nur für kurze Zeit.

Nach dem Dreißigjährigen Krieg verlegten die habsburgischen Kaiser ihren Sitz wieder nach Wien, und Prag erfreute sich in den folgenden Jahrhunderten nur noch gelegentlicher Herrscherbesuche. Immerhin gab Maria Theresia, die sich 1743 in Prag zur Königin krönen ließ, den Auftrag zu den Umbauten, die das

Erscheinungsbild der Burg bis heute bestimmen. Seit 1918 residiert dort der Staatspräsident.

Die **Burgrampe** ist wohl der meistbesuchte Aussichtspunkt des Landes. Hier mündet die malerische Neruda-Gasse (› S. 93) in den Hradschiner Platz. Von der Rampe aus bietet sich ein herrlicher Ausblick auf die Stadt und auf den benachbarten Laurenziberg.

Die Burghöfe

Der **erste Burghof** (»Ehrenhof«) Ⓐ, den zwei kämpfende Giganten von Ignaz Platzer (zweite Hälfte des 18. Jhs., seit 1912 Kopien) bewachen, entstand zwischen 1756 und 1774 nach einem Entwurf von Maria Theresias Hofarchitekten Nicolaus Pacassi. In den einfach gehaltenen Bau, der das Areal nach Westen hin abschließt, wurde das im Stil des

Wache stehen macht müde

norditalienischen Manierismus gehaltene Matthiastor von 1614 mit einbezogen.

Echt gut! **Die feierliche Wachablösung mit Fanfaren** findet täglich um 12 Uhr im ersten Burghof statt und dauert eine knappe Viertelstunde.

Auch der **zweite Burghof B**, der in der zweiten Hälfte des 16. Jhs. über dem zugeschütteten Burggraben angelegt wurde,

erhielt sein endgültiges Aussehen durch Pacassi. Das Erdgeschoss des Nord- und des Westflügels wurde 1964 zur **Burggalerie** zusammengefasst, in der u. a. Werke aus der berühmten Rudolfinischen Sammlung zu sehen sind (tgl. 9–18, im Winter bis 16 Uhr). Der Spanische Saal und die Rudolf-Galerie in den oberen Etagen dienen der Regierung als Repräsentationsräume und sind der Öffentlichkeit nur selten zugänglich.

Den südlichen Bereich des Hofs bestimmt die von Anselmo Lurago errichtete **Heiligkreuzkapelle**, die den Domschatz mit Reliquien und liturgischen Gegenständen aus der Zeit Karls IV. beherbergt, darunter das Kettenhemd des hl. Wenzel.

Der **dritte Burghof C** gehört zum ältesten Teil der Burganlage. Bei Ausgrabungen wurden hier Überreste der ursprünglichen Bauten aus dem 9. Jh. zutage gefördert. Seine jetzige Form erhielt der Hof 1928 vom slowenischen Architekten Jože Plečnik.

Der **Obelisk** in der Hofmitte war ein Geschenk zum zehnjährigen Jubiläum der Entstehung der Tschechoslowakischen Republik 1928. Die **Reiterstatue des hl. Georg** (Georg und Martin von Klausenburg; 1373) gilt als Meisterwerk gotischer Bildhauerkunst.

A Erster Burghof	**E** Alter Königspalast	**I** Wallgarten
B Zweiter Burghof	**F** St.-Georgs-Basilika	**J** Schloss Belvedere
C Dritter Burghof	**G** Goldenes Gässchen	**K** Hirschgraben
D St.-Veits-Dom	**H** Alte Schlossstiege	

Prager Burg

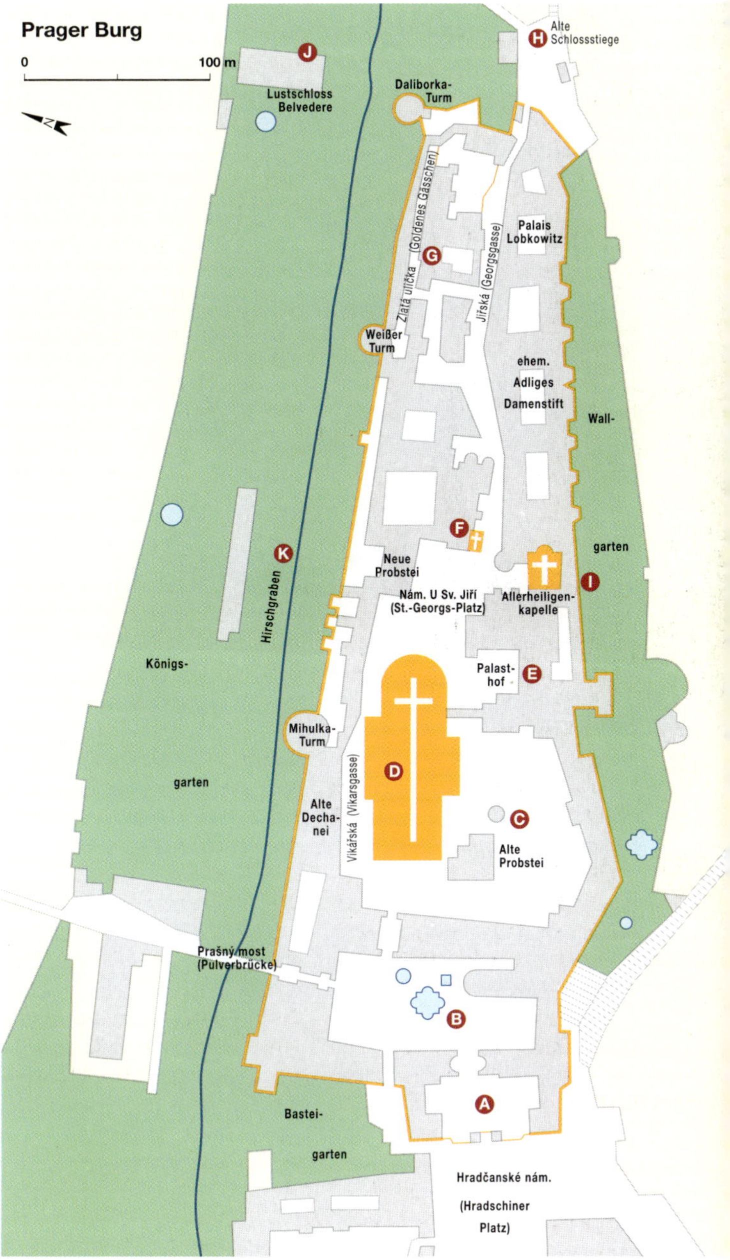

0   100 m

N

J

Alte
Schlossstiege
H

Lustschloss
Belvedere

Daliborka-
Turm

Zlatá ulička (Goldenes Gässchen)

Jiřská (Georgsgasse)

Palais
Lobkowitz

G

Weißer
Turm

ehem.

Adliges

Damenstift

Wall-

F ✝

Neue
Probstei

K

Allerheiligen-
kapelle

Nám. U Sv. Jiří
(St.-Georgs-Platz)

garten

I

Königs-

Palast-
hof
E

Mihulka-
Turm

Vikářská (Vikargasse)

D

C

garten

Alte
Decha-
nei

Alte
Probstei

Hirschgraben

Prašný most
(Pulverbrücke)

B

Bastei-

A

garten

Hradčanské nám.

(Hradschiner

Platz)

101

Die Wenzelskapelle im St.-Veits-Dom

***St.-Veits-Dom** ⓓ

Die gesamte Burganlage wird vom St.-Veits-Dom überragt. Mit seinem 124 m langen und 33 m hohen Innenraum ist er zugleich Metropolitankirche und Grabstätte weltlicher Herrscher. Im Dom vereinen sich drei Stilepochen – Gotik, Renaissance und Barock – zu einem harmonischen Gesamtkunstwerk, das auch Raum für Werke moderner Künstler bietet.

Baugeschichte

Die erste Bauetappe (1344–1352) des gotischen Doms, der auf den Überresten zweier romanischer Vorgängerbauten errichtet wurde, leitete der französische Architekt Matthias von Arras. Ihm folgten als Baumeister bis 1399 Peter Parler und dessen Söhne. In dieser Zeit entstanden der Ostteil mit dem von einem Netzrippengewölbe überspannten Chor, der von einem Kranz von Kapellen umgeben ist, sowie ein Teil des Glockenturms mit der Goldenen Pforte, durch die man im Mittelalter den Kirchenraum betrat. Die große, sich verjüngende dreiteilige Bogenhalle, die ihren Abschluss ebenfalls in einem Netzrippengewölbe findet, gilt als eine der wichtigsten Arbeiten Peter Parlers.

Die Hussitenkriege verzögerten die Vollendung der Kathedrale

Rundgang

Heute betritt man den Dom von seiner jüngsten Seite her, der **Westfassade**. Die Bronzetüren zeigen Szenen aus der Baugeschichte sowie Motive aus den Wenzels- und Adalbert-Legenden. Im Innern fällt der Blick zunächst auf die großen Farbfenster, die von führenden tschechischen Künstlern (Max Švabinský, Alfons Mucha) ausgeführt wurden. Über der Pfeilerarkade verläuft das (nicht zugängliche) **Triforium**, ein Innenumgang mit einer Galerie von Porträtbüsten, die Herrscher und Dombauherren der böhmischen Geschichte darstellen. Die meisten Büsten im Chor stammen aus der Parlerschen Bauhütte und zählen zu den wichtigsten Zeugnissen mittelalterlicher Bildhauerkunst.

Der von 28 Pfeilern getragene Innenraum wird vom neugotischen **Hauptaltar** beherrscht. Das ihm vorgelagerte königliche **Mausoleum** (1566–1589) errichtete Alexander Collin aus weißem Marmor als Grabstätte für den ersten Habsburger auf dem böhmischen Thron, Ferdinand I., seine Frau Anna sowie seinen Sohn Maximilian II.

Die frühbarocke **Kanzel** stammt aus der Werkstatt Kaspar Bechtelers. Die **Orgelempore** schuf 1557 Bonifaz Wohlmut, die im Jahr 1757 installierte Orgel hat 6500 Pfeifen.

In die Kapellen des Chors wurden die Sarkophage der ersten böhmischen Fürsten und Könige aus dem Geschlecht der Pře-

um anderthalb Jahrhunderte. Man weihte den Chor und schloss ihn mit einer provisorischen Mauer ab. Später erhielt der bis dahin 56 m hohe Turm seinen Renaissancehelm, Pacassi fügte 1770 die barocke Zwiebelkuppel hinzu. Der mächtige, das Stadtbild dominierende Südturm mit seinen 287 Stufen erreicht eine Höhe von 96,5 m; 18 t schwer ist der »Sigmund«, die größte Glocke Böhmens.

Der gesamte Westteil (Langhaus, Türme, Haupteingang) wurde erst zwischen 1873 und 1929 von Josef Mocker und Kamil Hilbert in Anlehnung an den Ostteil errichtet.

mysliden überführt und mit Grabplatten aus der Parlerschen Bauhütte versehen. Hier stehen das Denkmal des Kardinals F. J. Schwarzenberg (J. V. Myslbek; 1895) und daneben das Holzrelief »**Flucht des Winterkönigs**« (Kaspar Bechteler; 1631). Die **Heiligkreuzkapelle** gewährt den Zugang zur Königsgruft in der **Krypta**. Dort fanden böhmische Herrscher wie Karl IV., sein Sohn Wenzel IV., Jiří z Poděbrad und Rudolf II., bestattet in Sarkophagen, ihre letzte Ruhestätte.

Das **Königliche Oratorium** rechts des Hauptaltars schuf der Frankfurter Hans Spieß 1493 im Auftrag Vladislavs II. Jagiello, dessen Monogramm auf den hängenden Schlusssteinen schön zu sehen ist. Die Wappenreihe auf dem Geländer repräsentiert die Länder, über die dieser Jagiellonenkönig damals herrschte. Vor der **Wenzelskapelle** liegt das Grabmal des Grafen Leopold Schlick (Fischer von Erlach; 1723), nicht weit entfernt ist das silberne Grabmal des hl. Johannes

Prager Baumeister

Zum Nachfolger des verstorbenen Dombaumeisters Matthias von Arras machte Karl IV. 1356 den jungen **Peter Parler** (1330–1399), der als Referenz kaum mehr als seine Herkunft aus einer der berühmtesten deutschen Baumeister- und Bildhauerfamilien, den Parlers aus Schwäbisch Gmünd, vorweisen konnte. Doch Parler sollte das Vertrauen des Kaisers mehr als rechtfertigen. Die von ihm und seiner Bauhütte entwickelte »Parler-Gotik« wurde für ganz Europa stilbildend. Der im St.-Veits-Dom bestattete Baumeister hinterließ fünf Söhne, die sich in der Nachfolgeführung seiner Bauhütte ablösten. Arbeiten von Parlers Nachkommen lassen sich über drei Generationen in ganz Mitteleuropa nachweisen.

Die zweite große deutsche Baumeisterfamilie, die das architektonische Gesicht der Stadt entscheidend mitgeprägt hat, sind die Dientzenhofers. Zunächst war es der aus Bayern stammende **Christoph Dientzenhofer** (1655–1722), der in der böhmischen Metropole sesshaft wurde und hier – gemeinsam mit Johann Bernhard Fischer von Erlach – zum »Vater des deutschen Spätbarock« avancierte. Christoph Dientzenhofers Meisterstück ist der barocke Prunkbau der St.-Niklas-Kirche auf der Kleinseite (> S. 92), den er zusammen mit seinem Sohn Kilian Ignaz verwirklichte.

Der in Prag geborene **Kilian Ignaz Dientzenhofer** (1689–1751) war nach längeren Studienaufenthalten in Wien, Paris und Italien in seine Heimatstadt zurückgekehrt, um hier ab 1720 zum ungekrönten Meister des böhmischen Spätbarock aufzusteigen. Obwohl er auch zahlreiche Profanbauten entwarf (z.B. die Villa Amerika und das Palais Sylva-Taroucca), galt sein hauptsächliches Interesse immer der sakralen Baukunst, in der er seine Genialität voll entfalten konnte.

von Nepomuk (Fischer von Erlach; 1736).

Von den 21 Kapellen ist die Wenzelskapelle (sv. Václav, erste Kapelle des Chors von rechts) die kulturhistorisch bedeutendste. Errichtet wurde sie von Peter Parler über der Grabstätte des böhmischen Schutzpatrons. Der untere Bereich der Kapellenwände ist mit einem Mosaik von etwa 1300 geschliffenen und polierten Halbedelsteinen bedeckt, das von Darstellungen des Leidens Christi unterbrochen wird. Ein Freskenzyklus zum Leben Václavs, den der Meister von Leitmeritz schuf, nimmt den oberen Teil der Wände ein. Die Václav-Statue schuf Heinrich Parler 1373, der Bronzeleuchter (1532) stammt vom Nürnberger Bildhauer Hans Vischer.

An der Rückwand der Kapelle führt eine Treppe zur **Schatzkammer** des Doms. Der mit sieben Schlössern gesicherte Raum beherbergt die kostbaren Krönungskleinodien, die der Öffentlichkeit nur zu besonderen Anlässen präsentiert werden.

Auf der Südseite der Kathedrale oberhalb eines nicht genutzten Ausgangs ist die **Goldene Pforte** zu sehen, ==ein künstlerisch wertvolles Mosaik mit einer Darstellung des Jüngsten Gerichts.== Das Werk eines unbekannten venezianischen Meisters aus dem Jahr 1371 umfasst rund eine Million Elemente aus Glas, Gold und Halbedelsteinen. Das Mosaik war jahrhundertelang mit einer witterungsbedingten Oxidations-

St.-Veits-Dom: Blick in das Langhaus und in den Chor

schicht überzogen und wurde dadurch konserviert. Erst im Jahr 2000 gelang dem renommierten Getty-Institut aus Kalifornien die vollständige Freilegung des Mosaiks mit einem Druckstrahl, der zu 77% aus gemahlenen Nussschalen bestand.

Den südlichen Anbau der Kathedrale bildet die **Alte Probstei**. Ihr gegenüber liegt der von Nicolaus Pacassi gestaltete Flügel des Burghofs, der heute die **Kanzlei des Präsidenten der Republik** beherbergt.

Alter Königspalast ⒠

Für die Baugeschichte dieses imposanten Architekturensembles, das den dritten Burghof nach Osten abschließt, gilt Ähnliches wie für die des Doms: Jahrhunderte wurde an seiner Fertigstellung gearbeitet. Den ursprünglichen, teilweise noch aus Holz und Lehm errichteten Fürstensitz löste im 11. Jh. eine romanische Burg ab. Karl IV. ließ die Anlage wesentlich erweitern, und unter Vladislav II. Jagiello erhielt sie ihr heutiges Aussehen, das weitgehend vom Stil der Renaissance geprägt ist.

Vom 11. bis zum 16. Jh. diente der Palast den böhmischen Herrschern als Residenz, danach war er für mehr als 200 Jahre Sitz der obersten Landesbehörde. Im 19. Jh. wurden seine Räume nur noch gelegentlich zu repräsentativen Anlässen genutzt.

Vor dem Eingang steht der von Francesco Caratti entworfene **Adlerbrunnen** von 1664. Vom Vorsaal, in dem noch Mauerwerk der ersten Befestigungsanlage zu sehen ist, geht es links durch die **Grüne Stube**, einen ehemaligen Gerichtssaal, ins Vladislav-Schlafgemach.

Geradeaus kommt man in den von Benedikt Ried zwischen 1493 und 1502 errichteten **Vladislav-Saal**, in dem alle fünf Jahre die Wahl des tschechischen Staatspräsidenten stattfindet. Schon das Rippengewölbe im Saal galt im späten Mittelalter als eine architektonische Meisterleistung. Aber erst recht die Dimensionen des Saals – 62 m lang, 16 m hoch, 13 m breit – waren atemberaubend und ließen ihn zum Schauplatz sogar von Ritterturnieren werden. Um den Pferden den Zutritt zu ermöglichen, legte man eigens eine Reitertreppe an.

Der südliche Erweiterungsbau ist der sogenannte **Ludwigsflügel** (B. Ried; 1502–1509), der die Böhmische Kanzlei beherbergte. Er ging in die europäische Geschichte ein, als protestantische Adelige am 23. Mai 1618 die Statthalter des katholischen Kaisers Jaroslav Bořita z Martinic und Vilém Slavata z Chlumu sowie ihren Sekretär Philipp Fabricius aus den Fenstern stürzten und damit den Dreißigjährigen Krieg auslösten (> S. 107, Exkurs »Prager Fensterstürze«).

Wie die Sache für die Beteiligten ausging, kann man sich in der oberen Etage vergegenwärtigen, die über eine Wendeltreppe zu erreichen ist. Diese führt in die **Reichshofratsstube**, wo den 27 Anführern der protestantischen Fraktion das Todesurteil verkündet wurde.

An der Stirnseite des Vladislav-Saals führen einige Stufen zur **Allerheiligenkapelle** hinauf, die ursprünglich von Peter Parler zwischen 1370 und 1387 erbaut wurde. Durch den großen Brand von 1541 wurde sie jedoch zerstört und danach im Renaissancestil wieder aufgebaut. Der Altar auf der Nordseite birgt die Reliquien des hl. Prokop.

Hinter der Tür an der Nordostseite des Vladislav-Saals liegt der **Landtagssaal**, der seine jetzige Form dem Umbau durch Bonifaz Wohlmut 1559–1563 verdankt. Schon unter Karl IV. tagte hier das Landesgericht. Das Interieur stammt aus dem 19. Jh.: Neben dem König saß der Erzbischof, gegenüber nahmen die Mitglieder des Adels und die Ritter Platz. Die Vertreter der Städte mussten auf der Holztribüne stehen, die Renaissancetribüne gehörte dem obersten Schreiber.

Am Ende der Reitertreppe gelangt man über eine Treppe ins Untergeschoss mit dem gotischen Teil des Palasts sowie in die romanischen Räume mit den Resten der ersten Befestigungsanlage.

Im unteren Teil des Königspalasts links vom Haupteingang zeigt die Ausstellung »**The Story of Prague Castle**« anhand von interessanten Exponaten die Geschichte der Prager Burg (tgl. 9–18, im Winter bis 16 Uhr).

Von der Vikarsgasse (Vikářská) hinter dem St.-Veits-Dom hat man Zugang zum **Mihulka-**

Prager Fensterstürze

Der **Erste Prager Fenstersturz** ereignete sich am 30. Juli 1419, vier Jahre nach der Verbrennung des Prager Reformators Jan Hus auf dem Konstanzer Scheiterhaufen, als zahlreiche Hussiten von der Kirche Maria Schnee zum Neustädter Rathaus zogen, um dort gegen die Inhaftierung von Glaubensgenossen zu protestieren. Als sie mit einem Steinwurf empfangen wurden, stürmte eine Abordnung die Ratsstube und warf die Stadtoberen zum Fenster hinaus – geradewegs auf die Spieße und Lanzen der unten wartenden Menge. Das war der blutige Auftakt der Hussitischen Revolution, die das blühende Land verheerte und Böhmen den Ruf einer unverbesserlichen Ketzerheimstatt eintrug.

Der **Zweite Prager Fenstersturz** war der folgenreichste: Am 23. Mai 1618 warfen protestantische Adelige im Handgemenge zwei Statthalter seiner katholischen Majestät Ferdinands II. und einen Sekretär aus einem Fenster der Prager Burg. Diese überlebten den Gewaltakt ohne größere Blessuren, denn ein Misthaufen milderte ihren Sturz. Umso schlimmer waren die Folgen, nicht nur für Böhmen: Der Dreißigjährige Krieg bescherte ganz Europa eine Epoche ständiger Verwüstungen und allgemeiner Verelendung. Nach der Schlacht am Weißen Berg im Jahr 1620 wurden 22 tschechische und fünf deutsche oppositionelle Herren auf dem Altstädter Ring öffentlich hingerichtet. Für nahezu zwei Jahrhunderte beherrschte der Katholizismus wieder das Land.

Der **Dritte Prager Fenstersturz** liegt erst gut 60 Jahre zurück: Am 10.März 1948 stürzte Jan Masaryk, Sohn des Republikgründers Tomáš G. Masaryk und amtierender Außenminister, aus dem Fenster seines Büros im Palais Czernín. Bis heute ist nicht geklärt, ob es sich um Selbstmord oder einen Akt politischer Liquidierung handelte. Vieles spricht für die letztere Version: Jan Masaryk war als einziger Nichtkommunist 1948 unter dem Stalinisten Klement Gottwald im Kabinett verblieben.

Turm, den Vladislav II. Jagiello zur Sicherung der nördlichen Befestigung anlegen ließ.

Am St.-Georgs-Platz

Die Vikarsgasse führt hinter dem Dom an der Neuen Probstei vorbei zum St.-Georgs-Platz mit der ****St.-Georgs-Basilika** 🄵. Die Kirche aus der Zeit um 915 ist der bedeutendste romanische Bau Prags, trotz ihrer barocken Westfassade (um 1670). Einen Eindruck von ihrer ursprünglichen Gestalt erhält man erst im Innern, das 1960 originalgetreu rekonstruiert wurde. Die Arkaden stammen noch aus dem 10. und 11. Jh., vor dem Chor stößt man auf die Grabsteine der Přemyslidenfürsten Vratislav I. und Boleslav II.; im Chor selbst sind romanische Fresken zu sehen.

Das Kafka-Häuschen im Goldenen

Neben der Basilika gründete Mlada, die Schwester Boleslavs II., im Jahr 973 das erste Kloster Böhmens, ein Benediktinerinnenstift. Heute zeigt die **Nationalgalerie** hier böhmische Kunst des 19. Jhs. (Tel. 257 531 644, www.ngprague.cz, tgl. 10–18 Uhr).

Vom Georgsplatz führt die Georgsgasse (Jiřská) am ehemaligen **Adligen Damenstift** und am **Palais Lobkowitz** vorbei zur Alten Schlossstiege.

**Goldenes Gässchen 🄶

Auf halbem Weg entlang der Georgsgasse führen links Stufen hinauf zur berühmten Zeile kleiner Häuser, die im 16. Jh. an die Burgmauer gebaut wurden. Sie dienten den Burgwachen und Handwerkern als Unterkunft. Die weit verbreitete Meinung, dass Rudolf II. hier Alchimisten untergebracht hatte, die seine Staatskasse auffüllen sollten, ist nur eine Legende. Ihrem Namen wird die – inzwischen von 9–17 Uhr kostenpflichtige – Gasse erst in jüngster Zeit gerecht, denn der nie abreißende Touristenstrom macht aus den Souvenirläden in der Tat wahre Goldgruben. Im **kleinen blauen Haus** mit der Nr. 22 wohnte 1917 vorübergehend Franz Kafka, um in der damaligen Ruhe und Abgeschiedenheit an seinem Buch »Ein Landarzt« zu schreiben. Der **Daliborka-Turm** am Ende des Gässchens wurde nach einem einst hier eingekerkerten Ritter benannt, dem Smetana eine

Gässchen

Oper widmete. Als Gefängnis und Schuldturm diente auch der gegenüberliegende **Weiße Turm**.

Alte Schlossstiege ❶

Vom Goldenen Gässchen aus erreicht man durch die Befestigungsanlage der Burg die Alte Schlossstiege. Auf dem Weg dorthin logiert in einem Turmhaus ein **interessantes Spielzeugmuseum** (Jiřská 6, Tel. 224 372 294, www.muzeumhracek.cz, tgl. 9.30 bis 17.30 Uhr). Die Schlossstiege führt hinunter zur Metrostation Ⓜ **Malostranská.**

Die Burggärten
Wallgarten ❶

Im Sommer lohnt sich der Besuch des Wallgartens, der sich entlang der Frontseite der gesamten Burg-anlage schlängelt (Juni–Aug. tgl. 10–21, Mai und Sept. bis 19, Apr. und Okt. bis 18 Uhr). Von hier hat man einen herrlichen Blick auf die Kleinseite und die Palastgärten unterhalb der Burg, die auch von hier aus besucht werden können.

Schloss Belvedere ❶
und Königsgarten

Am nördlichen Zugang zum Areal der Prager Burg liegt der Königsgarten mit dem **Lustschloss der Königin Anna** (Letohrádek královny Anny). Das auch »Schloss Belvedere« genannte Renaissancegebäude ließ König Ferdinand I. zwischen 1536 und 1560 nach einem Entwurf von Paolo della Stella für seine Frau Anna errichten. Allerdings konnte die Königin die Fertigstellung nicht mehr erleben. Leider ist das Schloss nur gelegentlich für Ausstellungen geöffnet.

Vom Belvedere bis zum Eingang der Prager Burg verläuft der 1534 errichtete **Königsgarten** (Juni–Aug. tgl. 10–21, Mai und Sept. bis 19, Apr. und Okt. bis 18 Uhr). Direkt gegenüber dem Lustschloss steht als kleine Attraktion die Singende Fontäne aus Metallglocken (1568). Ein weiteres interessantes Gebäude innerhalb des Königsgartens ist der **Ballsaal** (Míčovna) mit seiner Sgraffito-Fassade.

Gegenüber dem Ausgang des Königsgartens befindet sich die barocke **Reitschule** aus dem 17. Jh., in der heute wechselnde Ausstellungen gezeigt werden.

Echt gut! Im **Restaurant Löwenhof** direkt an der Straßenbahnhaltestelle Pražský hrad genießt nicht nur Staatspräsident Václav Klaus Spanferkel nach einem mittelalterlichen Rezept (Lví dvůr, Tel. 224 372 361, www.lvidvur.cz, ●●●).

Hirschgraben ⓚ

Die Möglichkeit zu einem intimen Spaziergang in schöner Naturlandschaft bietet sich im Hirschgraben, der parallel zur Prager Burg zwischen Burg und Königsgarten verläuft (Juni–Aug. tgl. 10–21, Mai und Sept. bis 19, Apr. und Okt. bis 18 Uhr). Am besten beginnt man an der Straße Kanovnická am nordwestlichen Ende des Hradschiner Platzes. Der teilweise befestigte Weg führt

die Besucher in eine unerwartet ruhige Welt voll wilder Fauna – ein Gegenstück zum gepflegten Königsgarten.

Bemerkenswert ist der 84 m lange, gewölbte Fußgängertunnel unterhalb der Pulverbrücke, auf der die Touristen in die Burg strömen. Er ist mit roten Klinkersteinen ausgekleidet und bietet Platz für Fußgänger und das Flüsschen Brusnice.

Am unteren Ende des Tunnels führt der Hirschgraben weiter bis zur Ⓜ **Malostranská.**

Durch das ganze Burgviertel

– ❺ – Pohořelec › **Kloster Strahov › Loreto › Hradschiner Platz › ***Prager Burg**

Dauer: 5–6 Std. zu Fuß
Praktische Hinweise: Diese längere Tour erweitert die zuvor beschriebene Tour durch die Prager Burg um die Sehenswürdigkeiten jenseits des Burgareals. Ausgangspunkt ist die Ⓜ **Malostranská,** von der aus man mit der Straßenbahn 22 oder 23 bis zum Platz Pohořelec fährt. Für den Rückweg zur Metrostation nach der Besichtigung der Burg bietet sich von April bis Oktober als grüne Alternative der Weg durch den Wallgarten und die Palastgärten unterhalb der Burg an. Von der Valdštejnská gelangt man dann wieder zur Ⓜ **Malostranská.**

Der Philosophische Saal im Kloster Strahov

9 **Kloster Strahov** 13

Pohořelec, »Brandstätte«, heißt der Platz, an dem man die Straßenbahn verlässt, denn immer wieder hat es hier oben Feuer gegeben, stets aufs Neue wurden nicht nur die Häuser der Burgstadt, sondern auch das Prämonstratenserkloster Strahov (Kláster na Strahově) zerstört.

Anstelle der ursprünglich romanischen Klostergebäude, mit deren Errichtung 1140 begonnen wurde, erhebt sich daher heute eine barocke Anlage, deren Hauptanziehungspunkt die im 17. und 18. Jh. entstandenen **Bibliothekssäle** sind. Der mit Stuck reich verzierte ältere theologische Saal entspricht noch ganz einer mittelalterlichen Klosterbibliothek. Vom Geist der Aufklärung durchdrungen ist dagegen der Philosophische Saal.

Sein Deckenfresko »Streben der Menschheit nach Erkenntnis« schuf 1794 der Wiener Maler Anton F. Maulpertsch (tgl. 9–12, 13–17 Uhr).

In der barocken **Maria-Himmelfahrts-Kirche**, ursprünglich eine dreischiffige romanische Basilika, liegt der hl. Norbert begraben. Die Prämonstratenser ließen die Reliquien ihres Ordensgründers 1627, während des Dreißigjährigen Kriegs, aus seinem Erzbistum Magdeburg nach Prag überführen.

Rund um den Loreto-Platz
Loreto-Kirche 14

Der Weg vom Kloster hinunter zur Burg führt zunächst zur weltbekannten Wallfahrtsstätte Loreto, die im Zuge der Gegenreformation von Benigna Katerina von Lobkowitz gestiftet wurde

Loreto-Kirche: Casa Santa

(geöffnet tgl. außer Mo 9–12.15, 13–16.30 Uhr).

Den religiösen und architektonischen Mittelpunkt des Heiligtums bildet die **Casa Santa** (Giovanni Battista Orsini, 1631), eine Nachbildung der im mittelitalienischen Loreto von Bramante errichteten Wallfahrtskapelle. Der Legende nach handelt es sich um das Wohnhaus Marias, das im Jahr 1295 von Engeln in einen Lorbeerhain (Lauretum) bei Ancona getragen worden sein soll. Das Gnadenbild, eine geschnitzte Marienstatue, steht hinter einer Silberrahmung.

Zum Schutz der Wallfahrer wurden zunächst Wandelgänge um die Casa Santa errichtet, in die

dann der Baumeister Christoph Dientzenhofer 1722 die **Kirche Christi Geburt** eingliederte. Wegen ihrer überreichen Ausstattung gilt sie als die anmutigste Barockkirche Prags.

Die Schatzkammer im ersten Stock der Loreto-Kirche beherbergt neben Messgewändern und liturgischen Gegenständen wertvolle Monstranzen des 16. bis 18. Jhs., darunter die berühmte »**Prager Sonne**«, eine Diamantenmonstranz. Die Goldschmiede Matthias Stegner und Johann Baptist Känischbauer schufen das Meisterwerk 1699. Seine Strahlen sind ebenso wie die Heiligenscheine von Maria und Gottvater mit 6222 Diamanten geschmückt, ein Geschenk der böhmischen Adelsfamilie Kolowrat.

Palais Czernín 🔢

Das monumentale Bauwerk auf der gegenüberliegenden Seite des Loreto-Platzes ist das Czernín-Palais, das auf Entwürfe des frühbarocken Architekten Francesco Caratti zurückgeht (1669–1692). Er orientierte sich dabei an der palladianischen Bauweise.

Dem adeligen Bauherrn Humprecht Johann Graf Czernín von Chudenitz, seines Zeichens kaiserlicher Gesandter in Venedig, war allerdings wenig Glück beschieden: Sein ehrgeiziges Bauvorhaben oberhalb der Prager Burg brachte ihn nicht nur um die Gunst seines Dienstherrn Leopold I., sondern trieb ihn auch an den Rand des finanziellen Ruins. Weder er noch sein Sohn Heřman erlebten die Vollendung des Gesamtanlage.

Nach der schweren Beschädigung des Gebäudes durch französische Truppen im Jahr 1742 stellte Anselmo Lurago das Palais Czernín wieder her und versah die strenge Fassade im palladianischen Stil 1749 mit Rokokoelementen. Im 19. Jh. diente das Palais zunächst als Kaserne, bevor es nach seiner vollständigen Rekonstruktion (1928–1934) zum Sitz des **Außenministeriums** avancierte. 1948 erlangte es als Ort des dritten Prager Fenstersturzes traurige Berühmtheit (› S. 107, Exkurs »Prager Fensterstürze«).

Der »Schwarze Ochse« serviert das gute »Ziegenbockbier« zu fetten Prager Würsten – lassen Sie sich die Gelegenheit nicht entgehen (U černého vola, Loretánské nám. 1, Tel. 220 513 481, ●).

Die Neue Welt 16

Unterhalb des Loreto-Platzes schließt sich das Viertel Neue Welt (Nový Svět) an, das jahrzehntelang ein eher trostloses Pflaster war, bis es Künstler und Kunsthandwerker für sich entdeckten. Das einstige Armenviertel bezaubert heute mit verwinkelten Gassen, kleinen barocken Vorstadthäusern und netten Restaurants.

In einem 1739 errichteten Bauernhaus mit Schindeldach bietet das **Romantikhotel U raka (»Zum Krebs«)** eine reizvolle Unterkunft an (Černínská 10, Tel. 220 511 100, www.romantikhotel-uraka.cz, ●●●). Hier kann man auch zu einem Tee am offenen Kamin oder auf der Terrasse einkehren.

*Hradschiner Platz 17

Der direkt vor der Prager Burg gelegene Hradschiner Platz (Hradčanské náměstí) bildet das natürliche Zentrum der Burgstadt (Hradčany) und hat bis heute seinen mittelalterlichen Grundriss behalten. Die Bebauung hat sich allerdings verändert: Nach dem großen Stadtbrand von 1541 ließ es sich der böhmische Adel nicht nehmen, seine Macht zu demonstrieren und seine Paläste möglichst nahe am Königshof zu erbauen.

Die **Mariensäule** in der Mitte des Platzes wurde von den Bewohnern Prags zum Dank für die Verschonung vor der Pest gestiftet; geschaffen wurde sie 1726 von F. M. Brokoff. Sehenswert ist der achtarmige **Kandelaber** mit echten Gaslaternen, die inzwischen auf dem Krönungsweg vom Platz der Republik bis zum Hradschiner Platz weitgehend wieder in Betrieb genommen wurden. Sogar der Beruf des Laternenanzünders wurde erneut eingeführt.

Die Südseite des Platzes nimmt das mächtige ***Palais Schwarzenberg** ein, in dem seit 2008 die permanente Ausstellung »Barock in Böhmen« der **Nationalgalerie** (Národní galerie) untergebracht ist (Nr. 2, Tel. 233 081 716, www.ngprague.cz, tgl. außer Mo 10–18 Uhr). Das Sgraffitodekor an der Fassade geht auf veneziani-

113

Das Erzbischöfliche Palais

sche Vorbilder zurück. Die Familie Schwarzenberg beherrschte lange Zeit den Süden Böhmens. Einer ihrer Nachkommen, Karel von Schwarzenberg, war Kanzler unter Präsident Václav Havel und ist derzeit Außenminister.

Gegenüber des Palais Schwarzenberg liegt das ***Erzbischöfliche Palais**, ursprünglich ebenfalls ein Renaissancebau, der im Frühbarockstil umgestaltet wurde (J. B. Mathey, 1675–1679) und 60 Jahre später eine Rokokofassade (J. J. Wirch) erhielt (Nr. 16).

Das **Palais Sternberg**, das sich etwas rückwärts versetzt an den Bischofssitz anschließt, beherbergt einen Teil der **Nationalgalerie** mit italienischer, niederländischer und deutscher Kunst aus dem 14. bis 18. Jh. (Nr. 15, Tel. 233 090 570, www.ngprague.cz, tgl. außer Mo 10–18 Uhr; Zugang im linken Eingang des Erzbischöflichen Palais).

Das frühbarocke **Palais Toscana** an der Westseite des Platzes (Nr. 5) wurde 1690 nach Plänen Johann Baptiste Matheys für Michael Oswald Graf Thun-Hohenstein errichtet, war aber von 1718 bis 1918 im Besitz der Herzöge der Toskana. Bei der Restaurierung des **Palais Martinitz** aus dem 16. Jh. (Nr. 8) legte man figurale Sgraffiti aus der Entstehungszeit des Palais frei.

Der weitere Weg durch die **Prager Burg** folgt nun der Tour 4 › S. 98.

Buch-Tipp Pavel Kohout, **Wo der Hund begraben liegt,** Goldmann 1997. Vor seiner Ausweisung lebte der Schriftsteller Pavel Kohout im Schwarzenberg-Palais. Seine Erlebnisse mit den damals Herrschenden hielt er in diesem Buch fest.

Historische Straßenbahn in der Prager Neustadt

Die Neustadt

Nicht verpassen!

- Durch die überdachten Einkaufspassagen am Wenzelsplatz schlendern
- Die Ruhe des Franziskanergartens auf sich wirken lassen
- Den Blick auf Prag vom Tanzenden Haus aus genießen
- Eine Vorstellung im Nationaltheater besuchen
- Den Ehrenfriedhof am Vyšehrad aufsuchen

Zur Orientierung

Die Prager Neustadt wurde bereits im 14. Jh. vom weitsichtigen Kaiser Karl IV. gegründet, zu einer Zeit, als viele Städte noch nicht einmal eine Altstadt hatten.

Das Zentrum der Neustadt ist der Wenzelsplatz (Václavské náměstí) mit seinen zwei Gesichtern, einem weltstädtisch-eleganten am Tag und einem schrill-erotischen in der Nacht. Tagsüber wimmelt der Platz von Schaulustigen aus aller Welt, die einen gemütlichen Einkaufsbummel machen wollen; spät am Tag kommen dann viele Nachtschwärmer hierher. Die weiteren wichtigen Straßenzüge der Neustadt heißen Am Graben (Na Příkopě) und Nationalstraße (Národní třída) und grenzen beide an die Altstadt.

Man braucht gut und gern einen halben Tag, um sich die Neustadt mit ihren zahlreichen Einkaufspassagen zu erschließen und die vielen Eindrücke danach im berühmten »U Fleků« bei einem guten Dunklen zu verdauen. Frisch gestärkt geht es danach weiter: In Süden grenzt der zweite Prager Burgberg, der Vyšehrad (»Hohe Burg«), an die Neustadt, einst Wohnstatt der sagenhaften Reichsgründerin Libuše und heute letzte Ruhestätte berühmter Tschechen.

Auch für die Neustadt und den Vyšehrad sind die eigenen Füße das beste Fortbewegungsmittel. Mehrere Metrolinien durchfahren das Gebiet. Am besten steigt man bei den Metrostationen Muzeum und Karlovo náměstí aus.

Leuchtreklamen am Wenzelsplatz, dem modernen Geschäftszentrum

Touren in der Neustadt

Durch die pulsierende Neustadt

– ❻ – Hauptbahnhof ❭
*Nationalmuseum ❭ **Wenzelsplatz ❭ Goldenes Kreuz ❭
*Am Graben ❭ Jungmannplatz
❭ Nationalstraße ❭ **National-
theater ❭ Moldauufer ❭
Karlsplatz ❭ *U Fleků

Dauer: 4–5 Std. zu Fuß
Praktische Hinweise: Am besten vormittags ab 10 Uhr,
damit auch alle Geschäfte
geöffnet sind (auch sonntags!).
Ausgangspunkt ist der Hauptbahnhof an der Wilsonova (Ⓜ
Hlavní nádraží), Endpunkt das
Lokal U Fleků (Křemencova
11, Ⓜ **Karlovo náměstí**) für
einen gemütlichen Ausklang.
Wer die Tour 7 anschließen
möchte, geht stattdessen vom
Karlsplatz nach Süden weiter.

Hauptbahnhof ❶

Der Prager Hauptbahnhof ist ein
sehenswertes Jugendstilgebäude,
errichtet 1901 bis 1909 nach einem
Entwurf von Josef Fanta. Der
Bahnhof wird derzeit aufwendig
restauriert, um ihm ein Stück seines alten Glanzes zurückzugeben.

Staatsoper ❷

Ein paar Schritte die Wilsonova
hinauf liegt die neoklassizistische
Staatsoper (Státní opera; vormals
Smetana-Theater). Das Repertoire der von den Wiener Architekten Ferdinand Fellner und
Hermann Helmer 1888 als »Neues Deutsches Theater« errichteten
Bühne umfasst vor allem Werke
des Musiktheaters, etwa von Wagner und Verdi.

Ehemaliges Parlament ❸

Direkt neben der Staatsoper steht
das gut bewachte ehemalige Parlamentsgebäude (1973; K. Prager,
J. Albrecht und J. Kadeřábek), das
um die alte Börse aus den 1930er-
Jahren gebaut wurde. Seit der
Auflösung der Tschechoslowakei
dient es als Sitz von Radio Freies
Europa und wird künftig ein Teil
des Nationalmuseums sein. Das
Restaurant Zahrada v opeře
(»Garten in der Oper«) im Parlamentsgebäude zählt dank französischem Chefkoch zu den Prager
Topadressen (Tel. 224 239 685,
www.zahradavopere.cz, ●●●).

*Nationalmuseum ❹

Das Nationalmuseum am oberen
Ende des Wenzelsplatzes dominiert den gesamten Platz. Das im
Stil der Neorenaissance errichtete
Gebäude, dessen Fassade vermutlich der Ostfassade des Pariser
Louvre nachempfunden ist, entstand 1885–1890 nach Plänen von
J. Schulz. Eingangshalle, Treppenhäuser, Galerien und Kuppel
zieren Historiengemälde sowie

Büsten bedeutender Tschechen (Tel. 224 497 111, www.nm.cz, Mai–Sept. tgl. 10–18, Okt.–Apr. 9–17 Uhr; 1. Di im Monat geschl., 1. Mo im Monat Eintritt frei).

Mit der Zusammenstellung der einzelnen Sammlungen des Museums wurde bereits 1818 begonnen. Nach der jahrhundertelan-gen Unterdrückung der tschechischen Bevölkerung sollte so das Nationalbewusstsein wiedererweckt werden. Heute sind im Museum u.a. die naturwissenschaftliche und die historische Sammlung ausgestellt. Sehenswert ist auch die Säulenhalle in der ersten Etage.

- 6 - Neustadt

1 Hauptbahnhof	**3** Ehemaliges Parlament	**5** Wenzel-Denkmal
2 Staatsoper	**4** National-museum	**6** Franziskaner-garten
		7 Goldenes Kreuz

8 Am Graben	**9** Maria Schnee
10 Palast Adria	**11** Nationaltheater

****Wenzelsplatz**

Der Wenzelsplatz (Václavské náměstí), das pulsierende Herz des modernen Prag, war stets der bedeutendste politische Versammlungsort der Republik. Hier trafen sich die Prager in Krisen- wie in Freudenzeiten; häufig fanden Massendemonstrationen und Kundgebungen auf dem Platz statt. Mit 750 m Länge und 60 m Breite wirkt er eher wie ein Boulevard, dessen Optik von Hotels, Restaurants, Boutiquen, Kinos und Theatern bestimmt wird.

Als Herzstück der von Karl IV. 1348 gegründeten Neustadt angelegt, war er zunächst Treffpunkt der Pferdehändler. Daher auch der ursprüngliche Name Rossmarkt. Seinen jetzigen Namen erhielt der Platz 1848. Bis 1875 bildete die Stadtmauer mit dem Rosstor seine südliche Begrenzung, dann musste sie dem Bau des monumentalen Nationalmuseums weichen.

Denkmal des hl. Wenzel 5

Zweifellos ist das Denkmal des hl. Wenzel (Pomník sv. Václava) vor dem Nationalmuseum hinsichtlich der jüngeren Landesgeschichte mit den stärksten nationalen Emotionen verbunden. Hier feierten die Prager seit 1918 den Gründungstag der selbstständigen Tschechoslowakei, hier fanden 1968 die Demonstrationen gegen die Okkupation des Landes durch die Truppen des Warschauer Pakts statt, und hier spielten sich auch die weigweisenden Ereignisse der Samtenen Revolution von 1989 ab. Das Reiterdenkmal wurde 1912 von Josef Václav Myslbek geschaffen. Bis 1879 stand in der Mitte des Platzes das barocke Reiterstandbild des hl. Václav, das heute auf dem Vyšehrad zu sehen ist. Ein paar Schritte weiter unten verbrannte

12 Mánes-Haus	15 St. Ignatius
13 St. Kyrill und Method	16 Neustädter Rathaus
14 Fausthaus	17 U Fleků

119

sich im Januar 1969 der Student Jan Palach aus Protest gegen die Folgen des Prager Frühlings. An dieser Stelle wurde eine Gedenktafel für die Opfer des Kommunismus angebracht.

Grand Hotel Evropa

Das prächtige Jugendstilhotel am Wenzelsplatz, 1906 entstanden, gehört zu den meistfotografierten Sehenswürdigkeiten der Stadt (Nr. 25, Tel. 224 215 387, www. evropahotel.cz, ●●). Hinter der schweren Drehtür glaubt man sich um 100 Jahre zurückversetzt ins Prag des Fin de Siècle, in eine Welt pompöser Dekadenz und prachtvoller Kitschentfaltung. Das Haus war in den 1920er-Jahren *der* Treffpunkt der Bohème. Heute sind jedoch meist Jugendgruppen darin untergebracht; die historischen Zimmer mit dem Charme der 1950er-Jahre warten geduldig auf eine Modernisierung. Besonders sehenswert ist das **Jugendstilcafé Evropa** mit seiner prächtigen Ausstattung.

Lucerna-Palast

Gegenüber dem Hotel Evropa liegt der Lucerna-Palast (Nr. 38), 1912–1916 von Vácslav Havel, dem Großvater des langjährigen Staatspräsidenten, errichtet. Der riesige Gebäudekomplex war die erste Eisenbetonkonstruktion in Prag und bescherte der Hauptstadt ein neues gesellschaftliches Zentrum. In dem prächtigen dreigeschossigen Saal fanden Silvesterbälle, aber auch Parteitage der Kommunisten statt. Den Kunst-

ritter in der Lucerna-Passage auf seinem rücklings hängenden Pferd schuf der zeitgenössische Künstler David Černý. In der Lucerna fährt noch einer der letzten Prager Paternoster.

Mit ihren Ausgängen zu den Straßen Vodičkova und Štěpánská ermöglicht die Lucerna ein schnelles Durchqueren der Neustadt. Hier lässt es sich hervorragend bummeln, zumal die umliegenden **Einkaufspassagen** wie z.B. jene im benachbarten Rokoko-Palast in den letzten Jahren wunderschön modernisiert wurden. Durch die großen Scheiben des Lucerna-Cafés (im Vorraum des Kinos in der ersten Etage) kann man das Treiben in der Passage am besten beobachten.

In der Mitte des Wenzelsplatzes

Das neogotische **Wiehl-Haus** (Wiehlův dům; Nr. 34) mit seiner sehenswerten Fassade von Mikoláš Aleš stammt von 1896. Vom Balkon des **Melantrich-Hauses** (Nr. 36; 1912) hielt Václav Havel im November 1989 die Ansprache, die das Signal zum Sturz des alten sozialistischen Regimes setzte.

Eine Oase der Ruhe am stets pulsierenden Wenzelsplatz bietet der **Franziskanergarten** **6**, den man durch die Passage des konstruktivistischen **Alfa-Palasts** (Nr. 28; 1928) erreicht.

Daneben steht das barocke **Hotel Adria** (Nr. 26; 1789), das älteste erhaltene Gebäude am Wenzelsplatz. Sehenswert ist des-

»Pferd« von David Cerný in der Lucerna-Passage

sen **Kellerrestaurant Triton** in Gestalt einer geheimnisvollen Grotte (Tel. 221 081 218, www. tritonrestaurant.cz, ●●●).

10 Goldenes Kreuz 7

Am nördlichen Ende des Wenzelsplatzes treffen die drei wichtigsten Einkaufsstraßen der Hauptstadt – Wenzelsplatz, Am Graben (Na Příkopě) und die Straße des 28. Oktober (28. října) – zusammen. Der Name sagt alles über die wirtschaftliche Bedeutung dieses Knotenpunkts. Hier residieren die wichtigsten Banken und Versicherungen des Landes, hier locken aber vor allem große Kaufhäuser, bunte Marktstände sowie zahlreiche Imbissbuden mit der berühmten Prager Bratwurst – allesamt wahre Goldgruben. Da es hier nicht an Publikum mangelt, geben häufig Straßenkünstler ihre Kunst zum Besten.

In einem konstruktivistischen Haus (Nr. 6) werden **Schuhe** der längst weltbekannten tschechischen Firma Baťa verkauft. Der innovative »Schuhkönig« Tomáš Baťa ließ in den 1930er-Jahren als Erster Schuhe am Fließband herstellen und führte Preise ein, die mit »99« enden.

Ein ruhiger Zufluchtsort ist die **Teestube Dobrá čajovna** am Wenzelsplatz (Nr. 14, Tel. 224 231 480, www.cajovna.com, ●). In dieser handyfreien Zone kann man herrlich relaxen – auf Wunsch auch im Liegen und mit Wasserpfeife.

*Am Graben 🔟

An den Stadtgraben, der in der zweiten Hälfte des 18. Jhs. zugeschüttet wurde, erinnert noch die Straße Na Příkopě (Am Graben). Die elegante Einkaufsstraße geht in östlicher Richtung vom Wenzelsplatz ab und führt zum Pulverturm. **Das traditionsreiche Glasgeschäft Moser** beliefert mit seinen Produkten die Königshäuser der Welt (Nr. 12, www.moser-glass.com).

Ein Abstecher führt von der Grabenstraße in die Panská zum kleinen, aber feinen **Alfons-Mucha-Museum,** ein Muss für alle Jugendstilfans (Nr. 7, Tel. 224 216 415, www.mucha.cz, tgl. 10–18 Uhr).

Kunstvolles Glas

Böhmisches Glas ist nicht gleich böhmisches Glas – und wer wissen möchte, in welch unterschiedlichen Formen und Farben die tschechischen Glasbläser heute ihre Kunstfertigkeit zeigen, kann sich in den Geschäften von Altstadt und Neustadt einen Überblick verschaffen. In der Flaniermeile Am Graben befindet sich eine Filiale der Karlsbader Glasmanufaktur **Moser,** die mit ihren goldgefassten, hauchdünnen Sektkelchen schon Queen Elizabeth II. belieferte.

Warum aber ist böhmisches Glas seit rund 700 Jahren so berühmt? Dies hängt natürlich mit den ausgedehnten Wäldern (Böhmerwald und Riesengebirge) zusammen, wo die natürlichen Rohstoffe für die Glasherstellung in unbegrenzter Menge vorhanden waren: Holz, Pottasche und Quarzsand. So entstand zunächst grünes – durch Eisenverunreinigungen verfärbtes – »Waldglas«, das auch heute wieder in einigen Geschäften angeboten wird. Schnell stellte man dann aber auch fest, dass durch die Zugabe von Bleioxid Gläser mit hoher Brillanz und natürlich auch hohem Gewicht entstehen. Je mehr Blei, umso mehr Glanz. Allerdings ist der Bleianteil heute gesetzlich begrenzt, damit keine Bleipartikel die Getränke vergiften. Nur Moser gelingt es, Bleikristall ganz ohne Blei herzustellen. Typisch für böhmisches Kristall waren schon früh geometrische Muster. Um diese zu erzeugen, drückt der Schleifer das Glas gegen rotierende Stein- oder Diamantscheiben.

Buch-Tipp Friedrich Torberg, **Tante Jolesch,** dtv 1977. Anekdoten aus der Zeit, als die Grabenstraße noch die Flaniermeile der deutschen Bevölkerung Prags war.

Jungmannplatz

Westlich des Wenzelsplatzes liegt der kleine Jungmannplatz (Jungmannovo náměstí). Wer erahnen will, was Karl IV. eigentlich an diesem Platz vorhatte, muss die Kirche *Maria Schnee ❾ (Kostel Panny Marie Sněžné) besuchen. Noch bis ins 19. Jh. hinein beherrschte ihr riesiger Baukörper die Silhouette der Neustadt, dann wurde der Blick auf sie durch Neubauten verstellt. Geplant war ursprünglich eine Kathedrale, die den St.-Veits-Dom an Größe noch übertreffen sollte. Verwirklicht wurde jedoch nur das 35 m hohe Schiff, die Hussitenkriege verhinderten die Weiterarbeit.

Jan Želivský, der Wortführer des radikalen Hussitenflügels, rief von hier seine Anhänger zum Marsch auf das Neustädter Rathaus auf, der mit dem Ersten Prager Fenstersturz endete (❯ S. 107, Exkurs »Prager Fensterstürze«).

In der Bierstube U Pinkasů wurde 1852 erstmals in Prag Pilsener Urquell ausgeschenkt (Nr. 15, Tel. 221 111 150, www.upinkasu.cz, ●●).

Die Nationalstraße

Die Nationalstraße (Národní třída), die wie die Grabenstraße über dem zugeschütteten Stadt-

graben angelegt wurde und zur Moldau führt, gehört zu den markanten Flaniermeilen der Stadt. Sie wird gesäumt von Boutiquen, Feinkostläden und Kaffeehäusern. Insbesondere lohnt sich der Besuch des Café Louvre mit originalem Interieur, hohen Decken und Billardtischen (Nr. 20, Tel. 224 930 949, www.cafelouvre.cz, ●●).

Die Ecke zur Jungmannova wird beherrscht vom wuchtigen **Palast Adria ❿**, einem venezianischen Palästen nachempfundenen Mehrzweckbau von 1925 im Stil des Rondokubismus. Das einzige sakrale Ensemble dieser Straße bildet das **Kloster St. Ursula** mit ihrer nach Entwürfen von M. A. Canevale ann 1704 errichteten Barockkirche.

Auf der gegenüberliegenden Straßenseite bestechen zwei sorgfältig restaurierte Jugendstilfassaden: das **Topič-Haus** (Nr. 9) und das Haus der ehemaligen **Versicherungsgesellschaft Praha** (Nr. 7). Den Abschluss dieser Straßenseite bilden zwei Neorenaissancebauten: der Sitz der **Akademie der Wissenschaften** (Nr. 3 und 5) und das Eckgebäude an der Legionsbrücke. In diesem lädt das legendäre Künstlercafé Slavia mit hübscher Aussicht auf die Prager Burg zu einer Kaffeepause ein (Nr. 2, Tel. 224 218 493, ●●, (❯ S. 28).

**Nationaltheater ⓫

Die eigentliche städtebauliche Dominante der Nationalstraße ist das Nationaltheater (Národní divadlo) – das Symbol der tschechischen nationalen Wiedergeburt schlechthin. Der Grundstein wurde eigens aus Gestein vom Berg Říp, dem mythischen Stammsitz des Urvaters Čech, gemeißelt. Anfang Juni 1881 erlebte das Theater seine triumphale Eröffnung, doch bereits im August desselben Jahres fiel es einem Brand zum Opfer. Kaum zwei Jahre später war es wieder aufgebaut; anlässlich der Einweihung wurde Smetanas Oper »Libuše« erstmals aufgeführt. Die finanziellen Mittel für den Bau wurden zum Großteil durch private Spenden aufgebracht. Die stolzen Tschechen wollten beweisen, dass sie in der Lage waren, eine Bühne zu finanzieren, auf der in ihrer Sprache gesprochen wurde. Und so steht an der Front

Laterna magika

Das erstmals auf der Weltausstellung in Brüssel 1958 präsentierte multimediale Experimentiertheater verbindet Schauspiel, Tanz, Musik, Film und Projektion in einer bis dato nicht gekannten Kombination. Manche Stücke stehen bereits seit mehr als 20 Jahren auf dem Programm. Seit der Wende bespielt das Theater Laterna magika die Neue Szene (Nová scéna) neben dem Nationaltheater. Errichtet von Karel Prager als Spielstätte für modernes Theater, erregt die Fassade des Gebäudes aus Aluminium und dickem Glas mitten im historischen Ensemble einigen Anstoß.

des Gebäudes zu lesen: »Narod sobě« – »Die Nation sich selbst«. Von 1977 bis 1983 wurde das Haus grundlegend restauriert und die Bühneneinrichtung modernisiert. Heute präsentiert sich das Nationaltheater wieder wie an seinem Eröffnungstag.

Das Moldauufer entlang

Von der Legionsbrücke eröffnet sich ein überwältigendes Panorama: Flussabwärts reicht der Blick vom Smetana-Ufer über Karlsbrücke und Kleinseite bis zur Burg; flussaufwärts bis zum Vyšehrad (❯ S. 128). Der Mittelpfeiler der Brücke ruht auf der **Schützeninsel** (Střelecký ostrov), auf der im Mittelalter die Schützengilde ihre Wettbewerbe auszutragen pflegte. Ebenso geschichtsträchtig ist die nur wenige Meter flussaufwärts gelegene **Slawische Insel** (Slovanský ostrov), auf der 1848 der Slawenkongress abgehalten wurde. Auf der Slawischen Insel steht das pompöse Ballhaus **Žofin** (Sophiensaal), umgeben von einem weitläufigen Biergarten. Hier stand schon Franz Liszt am Dirigentenpult.

Die Moldaupromenade wird von prächtig geschmückten Bürgerpalais im Stil des Eklektizismus und der Sezession gesäumt. Bis 1930 stand am Masaryk-Ufer (Masarykovo nábřeží) auch die Šítka-Wassermühle, von der nur noch der Turm übrig geblieben ist. An ihrer Stelle wurde das **Mánes-Haus** 🄫 – benannt nach dem Landschaftsmaler Josef

Mánes (1820–1871) – errichtet, das einen bedeutenden Ausstellungssaal für moderne Kunst beherbergt (Nr. 1, Tel. 224 930 754, www.galeriemanes.cz, tgl. außer Mo 10–18 Uhr).

Wenige Schritte entfernt trifft man am Jirásek-Platz (Jiráskovo náměstí) auf das **Tanzende Haus**, ein futuristisches Bauwerk der Architekten Frank O. Gehry und Vladimír Milunič. Wie das legendäre Tanzpaar Fred Astaire und Ginger Rogers schmiegen sich die beiden Hausteile aneinander, daher wird das Haus häufig auch Ginger & Fred genannt.

*St. Kyrill und Method 13

Die Resslova führt zum Karlsplatz, vorbei am Gotteshaus von K. I. Dientzenhofer (1730), das 1942 zu trauriger Berühmtheit gelangte: Die tschechischen Fallschirmspringer, die das Attentat auf den stellvertretenden Reichsprotektor Reinhard Heydrich ausgeführt hatten, versteckten sich in der Kirche. Sie wurden verraten, dennoch gelang es den Nazis nicht, ihrer habhaft zu werden. Als sie die Kirche unter Wasser setzten, begingen die Verfolgten Selbstmord. Bis heute ist zu ihrem Gedenken ein kleines Fensterchen an der Kirchenfront zur Resslova mit frischen Blumen geschmückt.

Der Karlsplatz

Der mit 500 m Länge und 150 m Breite größte Platz Prags spielte eine zentrale Rolle bei der städtebaulichen Vision Karls IV. In der

Futuristisch: das »Tanzende Haus«

Mitte des Karlovo náměstí stand die Fronleichnamskapelle, in der die Krönungskleinodien und die Reliquiensammlung des Kaisers jährlich ausgestellt wurden. Joseph II. ließ die Kapelle leider abreißen. Heute verbringen viele Einwohner Prags auf dem Platz ihre Mittagspause.

*Fausthaus 14

Der Spätrenaissancebau am Südrand des Platzes an der Ecke zur Vyšehradská (Faustův dům; Nr. 40), wurde im 18. Jh. barockisiert. Seinen Namen verdankt er zwei Chemikern, die hier experimentierten. Der englische Alchimist Edward Kelly versuchte, für Kaiser Rudolf II. Gold herzustellen (> S. 85, Exkurs »Die Golem-Legende«). Ferdinand Antonín Mladota richtete hier Anfang des 18. Jhs. ein chemisches Labor ein. Beide Gestalten inspirierten den Volksmund zu der Legende, Dr. Faustus hätte in diesem Haus um der Entdeckung naturwissenschaftlicher Geheimnisse willen seine Seele dem Teufel verkauft.

*St. Ignatius 15

Den wichtigsten sakralen Baukörper am Karlsplatz bildet Kostel sv. Ignáce an der Ecke zur Ječná, erbaut 1668 vom kaiserlichen Baumeister C. Lurago als Bestandteil eines Jesuitenkollegs (Nr. 36; heute Poliklinik). Das Portal schmückt eine Statue des Namenspatrons. Das Innere besticht durch herrliche Stuckaturen.

Das sagenumwobene Fausthaus

Das *Neustädter Rathaus 16

Das Novoměstská radnice dominiert die nördliche Seite des Karlsplatzes. Vermutlich um 1348 begonnen, erstreckte sich seine Errichtung über mehrere Etappen. Der älteste Gebäudeteil ist der zur Vodičkova hin gelegene Ostflügel mit den Ratsräumen. Es folgte der Südflügel mit den Amtsstuben, der im 16. Jh. im Stil der Renaissance umgebaut wurde. Das gleiche Schicksal widerfuhr dem massiven Eckturm 1456. Eine umfassende Umgestaltung des Ensembles im Empirestil wurde 1906 rückgängig gemacht, sodass das Gebäude heute wieder das Aussehen von 1526 hat.

Ins Rampenlicht der Geschichte trat das Rathaus 1419 durch den Ersten Prager Fenstersturz (> S. 107, Exkurs »Prager Fensterstürze«). Der Turm kann besichtigt werden (tgl. außer Mo 10–18 Uhr).

11 In einer Gasse hinter dem Rathaus wartet das traditionelle Bierlokal *U Fleků 17 mit seinem schönem Innenhof auf hungrige und vor allem durstige Gäste (»Bei Fleck«, Křemencova 11, Tel. 224 934 019, www.ufleku. cz, ●●). Das Prager Brauhaus begrüßt den Gast mit einer Uhr, auf der die Ziffern durch den Namen des Hauses ersetzt sind. Das hat seinen guten Grund: Wer das erste süffige Dunkle die Kehle hinabgestürzt hat, braucht sich für den Rest des Tages nicht mehr viel vorzunehmen.

Südliche Neustadt – Vyšehrad

**– 7 – Karlsplatz ›
Vyšehradská › *Emmaus-
kloster › **Vyšehrad**

Dauer: 3 Std. zu Fuß
Praktische Hinweise: Für diese
Tour eignet sich der Nachmit-
tag am besten, weil dann eher
wenige Besucher auf dem
Vyšehrad anzutreffen sind.
Ausgangspunkt ist Ⓜ **Karlovo
náměstí.** Somit kann diese
Tour auch im Anschluss an die
Tour 6 zurückgelegt werden.
Sie endet an der Ⓜ **Vyšehrad.**

Die südliche Neustadt, die selten
von Touristenmassen frequentiert
wird, erlaubt einen Einblick in das
tägliche Leben der Bewohner der
tschechischen Hauptstadt. Vom
größten Prager Platz, dem Karlsplatz, führt der Weg zur zweiten
Prager Burg, dem Vyšehrad.

*Emmauskloster 18

Vom Karlsplatz führt die
Vyšehradská nach Süden zur Burg
Vyšehrad. Am Weg liegt das 1347
gegründete Kloster (Emauzy oder
Klášter na Slovanech), dem
Karl IV. die Pflege der slawischen
Liturgie zugedacht hatte; daher
der Name »na Slovanech« – »bei
den Slawen«.

Im Stadtpanorama fallen
zunächst die beiden Türme der
Anlage auf, zwei himmelwärts
strebende Betonflügel aus dem
Jahr 1967. Zunächst waren sie
zwar nur als Provisorium für die
1945 zerstörten Kirchtürme
gedacht, inzwischen sind sie aber
zu einem Sinnbild für die Verbindung von Mittelalter und Moderne geworden. Die dreischiffige
Hallenkirche wird heute als Ausstellungssaal für moderne Kunst
genutzt.

*St. Johann von Nepomuk 19

Auf der anderen Seite, hoch über
der Straße, thront eines der
Hauptwerke Kilian Ignaz Dientzenhofers, Kostel sv. Jana
Nepomuckého na Skalce, erbaut
im Jahr 1739. Typisch für den
Baumeister ist die Betonung des
vieleckigen Zentralbaus, in den
die ovalen Strukturen von Vorraum und Chor hineinlaufen.
Zwei diagonal versetzte Türme
flankieren das Portal, von dem
eine doppelläufige Freitreppe zur
Straße führt.

Im Innern begeistern ein Fresko mit der Himmelfahrt des hl.
Nepomuk (K. Kovář; 1748) und
eine Nepomukfigur (J. Brokoff;
1682) auf dem Hauptaltar, deren
Bronzekopie auf der Karlsbrücke
zu sehen ist (nur während des
Gottesdienstes geöffnet).

Maria auf der Säule 20

Auf dem Weg zum Vyšehrad folgt
man jetzt entweder der gleich-
namigen Straße oder macht einen
Abstecher vorbei am **Botanischen
Garten** (Botanická zahrada), der
auf eine Gründung Kaiser
Karls IV. zurückgeht, zur **Kirche
Maria auf der Säule** (Na slupi).
Sie gehört zu den wenigen goti-

schen Gotteshäusern, deren Innenraum von einer Mittelsäule getragen wird. Der Legende nach soll diese Säule in vorchristlicher Zeit dem Kult des Gottes Svatovit gedient haben, dessen Stelle dann die Jungfrau Maria einnahm. Ihre neogotische Gestalt erhielt die Kirche 1863.

12 ****Vyšehrad 21**

Die Straße Vyšehradská unterquert an ihrem Ende eine Eisenbahnlinie und geht dann in die Vratislavova über. Hier beginnt der Aufstieg zur **Nationalen Gedenkstätte**, stadtgeschichtlich der Antipode der Prager Burg. Der Vyšehrad-Felsen, um

den sich viele nationale Sagen ranken, erhebt sich direkt über der Moldau und bietet einen herrlichen Blick auf die Stadt und das Flusstal. Historisch belegt sind erste Bebauungen des Felsens, der sich wegen seiner exponierten Lage zur Befestigung förmlich aufdrängte, in der ersten Hälfte des 10. Jhs.

Von der kulturellen Bedeutung des Burgbergs zeugt der prächtige Vyšehrad-Kodex aus dem 11. Jh. Die kostbare Handschrift zur Feier der Krönung von Vratislav II. wird heute in der Staatsbibliothek aufbewahrt. Anfang des 12. Jhs. entfaltete sich mit dem Aufstieg des Přemyslidengeschlechts, das die Festungsanlage auf dem Felsen zeitweilig zu seinem Domizil machte, eine rege Bautätigkeit, zu der die Errichtung einer Kapitelkirche gehörte.

Auch als der Herrschersitz Mitte des 12. Jhs. endgültig auf die Prager Burg verlegt wurde, behielt der Vyšehrad seine strategische Bedeutung. Karl IV. erneuerte die Befestigungen und ließ Palast und Kirche umbauen. Seine heutige Gestalt als barocke Festungsanlage erhielt der Komplex im 17. Jh. Die Festung blieb bis 1911 unter Heeresverwaltung, dann wurde sie der Stadt Prag übergeben (Apr.–Okt. tgl. 9.30–18, Nov.–März bis 17 Uhr).

Ziegeltor und Ehrenfriedhof

Von der nördlichen Seite betritt man das Gelände durch das **Ziegeltor** (1848), den jüngsten Teil des barocken Festungswalls. Über eine kleine Treppe führt der Weg zum **Ehrenfriedhof 22**, der Ende des 19. Jhs. zu einer nationalen Gedenkstätte ausgestaltet wurde. Hier liegen bedeutende tschechische Vertreter aus Kunst, Literatur und Wissenschaft begraben. Fast immer mit Blumen geschmückt ist das Grab der Schriftstellerin Božena Němcová, deren bekanntestes Werk »Die Großmutter« auch ins Deutsche übersetzt wurde. Den Mittelpunkt der Anlage bildet die Ehrengruft »Slavín«. Hier ruhen unter anderen der Jugendstilkünstler Alfons Mucha, der Geigenvirtuose Jan Kubelík und die Komponisten Bedřich Smetana und Antonín Dvořák.

Das Portal von St. Peter und Paul

Von der Neuen Probstei zum Leopoldstor

Die **Neue Probstei** nördlich des Ehrenfriedhofs entstand 1872, im Park dahinter steht eine Kopie der Wenzelstatue von J. G. Brendel (1678). An der Südseite der Festungsmauer blickt man auf die Ruine eines **Wachturms 24** aus dem 15. Jh., aus dem eine romantische Legende das Bad der Libuše gemacht hat. Doch das Bauwerk hatte eine ganz andere Funktion: Durch eine Felsspalte konnten von hier Nahrungsmittel hochgezogen werden, die Moldauschiffe angeliefert hatten.

Das älteste erhaltene Gebäude auf dem Vyšehrad, die **St.-Martins-Rotunde 25** aus dem 11. Jh., ist gleichzeitig auch die älteste der vier Rotunden in Prag. Ihre Form ist eine böhmische Eigentümlichkeit, in der romanischen Kulturepoche ist sie nur hier zu finden. Die Rotunde wurde während der Hussitenkriege geplündert und danach als Pulverturm genutzt.

Die barocke Wallfahrtskapelle **Maria in den Schanzen 26** beherbergte einst eine Statue der Jungfrau von Loreto. Die benachbarte Pestsäule wurde 1714 aufgestellt. Das **Leopoldstor 27** wurde 1678 als Teil der barocken Festungsmauern erbaut, um den Zugang zum inneren Teil des Vyšehrad zu sichern. Dahinter sieht man die Mauerreste des Špičkatores aus der Zeit Karls IV. Durch das frühbarocke Tábortor verlässt man die Anlage in Richtung **Ⓜ Vyšehrad.**

St.-Martins-Rotunde

St. Peter und Paul 23

Die neben dem Friedhof gelegene Kirche St. Peter und Paul (Kostel sv. Petra a Pavla) steht auf den Fundamenten einer alten romanischen Basilika, in deren Krypta die Přemyslidenherrscher bestattet sind.

Unter Kaiser Karl IV. wurde der ursprünglich dreischiffige Bau zu einer fünfschiffigen Hallenkirche erweitert. Nach weiteren Umbauten in der Renaissance- und Barockzeit erhielt die Kirche schließlich zwischen 1885 und 1903 von Josef Mocker ihre heutige neugotische Gestalt mit den beiden markanten Türmen. Das Portal schmückt ein Relief des Jüngsten Gerichts.

St. Barbara in Kutna Hora

Ausflüge

**Schloss Troja

Dauer: 4 Std.
Praktische Hinweise: Zámek Troja, Tel. 283 851 614, www.citygalleryprague.cz; Apr.–Okt. tgl. außer Mo 10–18, Nov.–März Sa–So 10–17 Uhr. Anreise mit dem Bus 112 ab Ⓜ Nádraží Holešovice.

Das barocke Jagdschloss aus dem 17. Jh. im Norden von Prag liegt in einer herrlichen Landschaft von Weinbergen und dem einzigen französischen Garten Prags. Heute dient es der städtischen Gemäldegalerie vor allem für Wechselausstellungen.

Ursprünglich wurde das Schloss als Zeichen der Loyalität der böhmischen Adelsfamilie Šternberk zur habsburgischen Herrschaft in der Zeit nach der Schlacht am Weißen Berg erbaut. Nach der Gründung der ersten Tschechoslowakischen Republik 1918 war dies der Hauptgrund, weshalb man die Anlage verfallen ließ.

Erst in den 1980er-Jahren entschied man sich für eine umfassende Rekonstruktion. Erhalten sind die Schlosskapelle, die Fresken im imposanten Hauptsaal und in den Pferdeställen sowie die barocke Außentreppe. Hier können Sie die nach den Statuen auf der Karlsbrücke schönsten Zeugen barocker Bildhauerkunst in Prag sehen. Die Umgebung bilden der Zoo, die Moldau sowie am anderen Ufer die Baumgarten, eine der grünen Lungen Prags.

**Burg Karlstein ❷ und Koněprusy

Dauer: 5–6 Std.
Praktische Hinweise: Hrad Karlštejn, Tel. 311 681 617, www.hradkarlsteijn.cz; Juli, Aug. tgl. außer Mo 9–18 Uhr; Mai, Juni, Sept. bis 17 Uhr; April, Okt. bis 16 Uhr; März und zweite Dezemberhälfte bis 15 Uhr; das Innere der Burg kann nur im Rahmen einer Fürhung besichtigt werden. Nur eine der beien Fürhungen beinhaltet auch die Heiligkreuzkapelle umfasst (für diese muss man sich vorher anmelden, Tel. 274 008 154).
Anreise: Mit dem Auto über Staatsstraße Nr. 4 und Landstraße 115 (ca. 55 Min.); mit dem Zug vom Bahnhof Prag-Smíchov. Ab Parkplatz bzw. Bahnhof Fußweg (20 Min.) oder per Kutsche.

Die berühmteste böhmische Burg, Hrad Karlštejn, thront auf einem Felsen über dem Berounka-Tal, ca. 35 km südwestlich von Prag. Errichtet wurde die ursprünglich gotische Festung unter Karl IV., der hier die Reichskleinodien und seinen Reliquienschatz aufbewahrte. Ihre heutige Gestalt erhielt sie im 19. Jh.

Überragt wird das Areal vom 37 m hohen Großen Turm. Im zweiten Stock beherbergt er mit der **Heiligkreuzkapelle** den kunsthistorisch bedeutendsten Raum der Burg, denn hier lagerten die Krönungsinsignien (heute im St.-Veits-Dom in Prag). Die mit über 2200 Halbedelsteinen ausgekleideten Wände der Kapelle schmücken 127 Gemälde des gotischen Meisters Theoderich.

Im Marienturm befindet sich die **Katharinenkapelle** mit Malereien des 14. Jhs. und einem Porträt des Kaisers. Im **Kaiserpalast,** den man über eine Treppe erreicht, ist eine Dokumentation zur Regierungszeit Karls IV. zu sehen; im zweiten Stock befinden sich die kaiserlichen Gemächer.

In der Umgebung lädt der unter Naturschutz stehende **Böhmische Karst** (Český kras) mit seinen Schluchten und Seen zu Spaziergängen ein. Einen Abstecher lohnen auch die Tropfsteinhöhlen von **Koněprusy** (7 km südwestlich von Karlstein).

Heiligkreuzkapelle in Burg Karlstein

Mělník 3

Dauer: 4 Std.
Praktische Hinweise:
Zámek, Tel. 315 622 108, www.lobkowicz-melnik.cz; das Schloss ist tgl. von 10 bis 17 Uhr eöffnet. Anreise: Mit dem Auto über die Staatsstraße Nr. 9 (ca. 45 Min); mit dem Zug vom Hauptbahnhof. Der Tagesausflug ist auch per historischem Radschaufeldampfer vom Schiffsanleger am Rašínovo nábřeží möglich (Abfahrt in Prag um 7 Uhr, Rückkehr um 21.30 Uhr, www.paroplavba.cz).

Die malerische Kleinstadt 40 km nördlich von Prag am Zusammenfluss von Elbe und Moldau ist für ihren »Ludmilla«-Wein bekannt, der an den Südhängen der Flusstäler gedeiht. Karl IV. brachte die Weinreben aus Burgund ins Land.

Einen Besuch lohnt das **Renaissanceschloss der Lobkowitz,** in dem man den jahrhundertealten Weinkeller und einige Wohnräume der Adelsfamilie besichtigen kann. Sehenswert ist auch die **Probstkirche** mit wertvollen Barockbildern (Karel Škréta), der Marktplatz mit Laubengängen und die Stadtbefestigung mit dem Prager Tor.

Schloss Konopiště 4

Dauer: 4 Std.
Praktische Hinweise:
Státní zámek Konopiště,
Tel. 317 721 366, www.zamek-
konopiste.cz; Mai–Aug.
9–12,13–17 Uhr; Sept. bis 16
Uhr; April, Okt. bis 15 Uhr.
Anreise: Über die Autobahn
D1 (Ausfahrt Mirošovice, ca.
40 Min.); vom Hauptbahnhof
bis Benešov, Bus zum Schloss.

Seine heutige Gestalt verdankt das ca. 45 km südlich von Prag liegende Schloss dem in Sarajevo erschossenen österreichischen Thronfolger Franz Ferdinand. Der Erzherzog lebte hier mit seiner böhmischen Gemahlin Sophie bis zu ihrer beider Ermordung. Auf seine Initiative geht auch der englische Landschaftsgarten mit Kopien italienischer Statuen zurück. Hauptattraktion ist ein Rosengarten.

Die von Josef Mocker zum Palast umgebaute gotische Burg mit Anbauten aus Renaissance- und Barockzeit – besonders eindrucksvoll sind die sieben gleich hohen Rundtürme – beherbergt die prunkvol ausgestattetenwohnräume des Thronfolgers sowie eine umfangreiche und wertvolle Sammlung historischer Waffen und Jagdtrophäen.

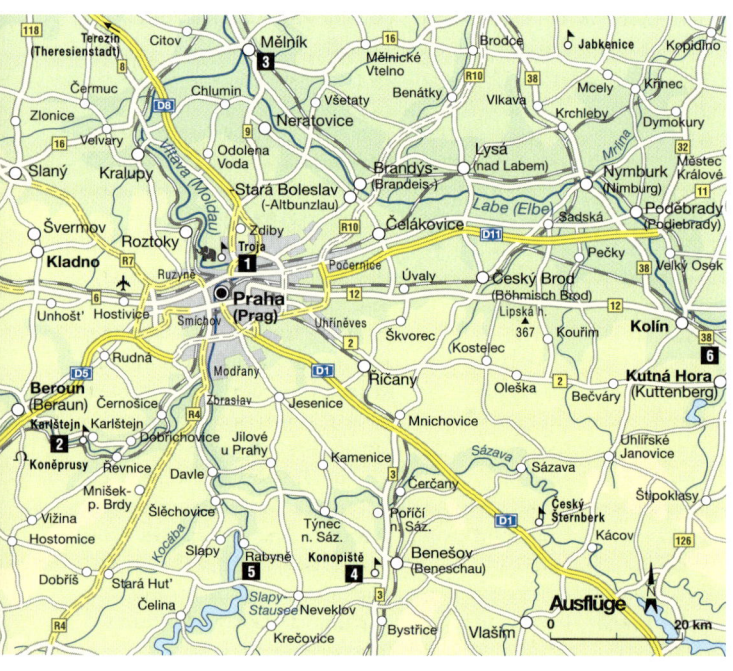

Stausee Slapy 5

Dauer: 6–7 Std.
Praktische Hinweise: Mit dem
Auto über die Staatsstraße
Nr. 4 bis Zbraslav, dann über
die Landstraße Nr. 102 bis
Slapy (ca. 55 Min.); mit dem
Überlandbus vom Busbahnhof
Na Knížecí neben der M
Anděl. Der Ausflug ist auch
per Boot vom Schiffsanleger
am Rašínovo nábřeží möglich
(ab/an Prag 9 Uhr/18.30 Uhr,
www.paroplavba.cz).

Freizeitparadies Stausee Slapy

Wer sich an einem der staubtro-
ckenen Prager Sommerwochen-
enden wundert, warum die Stadt
wie ausgestorben scheint, sollte
36 km flussaufwärts fahren, um
hinter des Rätsels Lösung zu kommen: Ein über 40 km langer Stausee, ein Eldorado für Wasser-
sportler und Sonnenanbeter,
bildet das beliebteste Erholungsgebiet. Das in den 1950er-Jahren
errichtete Stauwerk beim Dorf
Slapy dient der Energieversor-
gung der Hauptstadt. Am See
locken auch Rundfahrten.

***Kutná Hora (Kuttenberg) 6

Dauer: 5 Std.
Praktische Hinweise:
Informační centrum, 284 01
Kutná Hora, Tel. 327 515 556,
www.kutnahora.cz. Anreise:
Mit dem Auto über die Auto

bahn D1 bis Ausfahrt Říčany
und von dort über die Staatsstraße Nr. 2 (ca. 75 min); per
Zug ab Hauptbahnhof.

Die 65 km südöstlich von Prag
gelegene Kreisstadt ist ein Klein-
od böhmischer Gotik und steht
auf der Liste des UNESCO-Weltkulturerbes. Im Mittelalter war
Kuttenberg zeitweise beliebter Sitz
der böhmischen Königinnen.
Kein Wunder, machten ihre Sil-
bergruben nicht nurden jeweiligen König zu einem der reichsten
Herrscher Europas, sondern
brauchten auch der Stadt und
ihren Bürgern Wohlstand. Davon
zeugen das Münzhaus und das
Knappenmuseum im Kastell
(Hrádek). Das bedeutendste sakrale Bauwerk ist die gotische Kirche **St. Barbara** mit eindrucks-
vollem Netzrippengewölbe,
gotischen Fresken und geschnit-
zen Eichenbänken, die von der
Parler-Hütte begonnen und von
Matthias Rejsek und Benedikt
Ried fertiggestellt wurde.

Infos von A–Z

Ärztliche Versorgung

Mit der Schweiz, Deutschland und Österreich bestehen Sozialversicherungsabkommen. Ihre Krankenkasse stellt Ihnen einen Auslandsreisekrankenschein aus. Wo dieser nicht angenommen wird, müssen Sie zunächst bezahlen und danach die detaillierte Rechnung bei Ihrer Krankenversicherung einreichen. Wenn Sie ärztliche Hilfe brauchen, suchen Sie eine Notfallstation in der Nähe Ihrer Unterkunft auf. Ärzte sprechen häufig Deutsch oder Englisch.

■ **Deutsch sprechende Ärzte:** Fakultní nemocnice na Homolce, Roentgenova 2, Motol (Prag 5), Tel. 257 272 146.

■ **Ausländische Klinik im Zentrum:** Health Centre Prague, Vodičkova 28, Neustadt, Tel. 224 220 040.

■ **Erste Hilfe:** Tel. 155 oder 112 (Euronotrufnummer).

Behinderte

Nur wenige Hotels in Prag sind behindertengerecht ausgerüstet. Dies gilt leider auch für die öffentlichen Verkehrsmittel. So gibt es in der Prager Metro nur selten Aufzüge, die Stationen werden jedoch nach und nach umgerüstet.

Diplomatische Vertretungen

■ **Deutsche Botschaft:** Vlašská 19, Kleinseite, Tel. 257 531 481, www.deutsche-botschaft.cz

■ **Österreichische Botschaft:** Victora Huga 10, Smíchov (Prag 5), Tel. 257 090 511, www.austria.cz

■ **Schweizer Botschaft:** Pevnostní 7, Střešovice (Prag 6), Tel. 220 400 611, www.eda.admin.ch/prag

Einreise

Touristen aus Deutschland, Österreich und der Schweiz benötigen für die Einreise in die Tschechische Republik nur ihren Personalausweis bzw. die Identitätskarte. Kinder müssen entweder in den Reisedokumenten ihrer Eltern eingetragen sein oder mit einem Kinderausweis reisen.

Eintrittskarten

■ **Ticketpro**, Tel. 296 333 333, www.ticketpro.cz. Verkaufsstellen im Altstädter Rathaus am Staroměstské náměstí 3, in der Rytířská 12 (Altstadt) und in vielen größeren Hotels.

■ **Bohemia Ticket International**, Na Příkopě 16, Neustadt, Tel. 224 215 031, www.bohemiaticket.cz

Feiertage

■ 1. Januar – Neujahr
■ Ostermontag
■ 1. Mai – Tag der Arbeit
■ 8. Mai – Tag der Befreiung vom Faschismus (Staatsfeiertag)
■ 5. Juli – Tag der Slawenapostel Kyrill und Method (Staatsfeiertag)
■ 6. Juli – Johannes-Hus-Tag (Staatsfeiertag)
■ 28. September – Tag des hl. Wenzel, des Stadtpatrons von Prag
■ 28. Oktober – Tag der Staatsgründung (Staatsfeiertag): Ausrufung der ersten Tschechoslowakischen Republik am 28. Oktober 1918
■ 17. November – Tag des Kampfes für Freiheit und Demokratie
■ 25. und 26. Dezember – Weihnachten

Fundbüro

■ Karoliny Světlé 5, Altstadt, Tel. 224 235 085 (Sa/So geschl.).

Geld

Eine tschechische Krone (koruna), abgekürzt Kč oder CZK. Scheine sind im Wert von 50, 100, 200, 500, 1000, 2000 und 5000 Kronen im Umlauf, Münzen im Wert von 1, 2, 5, 10, 20 und 50 Kč.

Man wechselt am besten in Banken. Hotels und Wechselstuben erheben unterschiedlich hohe Tauschgebühren. Lassen Sie sich vom scheinbar günstigen Kurs in solchen Wechselstuben (z.B. »Chequepoint«) nicht täuschen, denn er gilt für den Verkauf von Fremdwährung in großen Mengen.

Kreditkarten werden in Banken, Hotels und zahlreichen Restaurants und Geschäften akzeptiert. An den meisten Geldautomaten kann man mit allen gängigen Bank- und Kreditkarten tschechische Kronen abheben. Devisen unterliegen keinerlei Ein- und Ausfuhrbeschränkungen.

Haustiere

Pflicht ist der EU-Heimtierpass (Informationen unter www.bundestieraerzte kammer.de), in dem die gültige Tollwutschutzimpfung (mind. 21 Tage alt, der max. gültige Zeitraum hängt vom Impfstoffhersteller ab) eingetragen ist; die Tiere müssen mit einem Mikrochip gekennzeichnet sein (Tätowierungen von vor dem 1.10.2004 werden bis 2011 akzeptiert). In Prag herrscht für Hunde Maulkorb- und Leinenzwang.

Hotel- und Zimmervermittlung

■ **Hotels Prague,** Gagarinova 36, Suchdol (Prag 6), Tel. 233 920 118, www.hotelsprague.cz
■ **AVE,** Sokolovska 26, Karlín (Prag 8), Tel. 251 551 011, www.avetravel.cz

Information

■ **PIS** (Prager Info-Service), im Altstädter Rathaus am Staroměstské náměstí 3, Tel. 12 444, www.pis.cz

■ **CzechTourism,** Staroměstské náměstí 5, Altstadt, Tel. 221 580 111, www.czechtourism.com

Internet

Die Prager Internetcafés sind eher kleiner und versteckter als in anderen Metropolen (Tipp: Spika, Dlážděná 4, Neustadt, netcafe.spika.cz).

Wer lieber mit seinem eigenen Notebook online gehen möchte, findet aber auch in vielen Restaurants und Cafés der Stadt drahtloses Internet per WiFi. Das Logo ist jeweils an der Tür angegeben (Tipp: Grand Café Orient in der Altstadt, Ovocný trh 19, www.grandcafe orient.cz). Sehr häufig ist das Surfen gratis.

Medien

Informationen über das aktuelle politische Geschehen sowie Kulturtipps für die Hauptstadt bietet wöchentlich die deutschsprachige »Prager Zeitung«. Ausführliche Restauranttipps, einen Überblick über Kulturveranstaltungen und Informationen über englischsprachige Kinofilme liefert daneben die »Prague Post«.

Das tschechische Fernsehen bietet die staatlichen Sender ČT1 und ČT2 sowie die privaten Programme Prima und Nova an. In den meisten Hotels kann man zudem internationales Satelliten-TV empfangen.

Urlaubskasse	
Tasse Kaffee	1,80 €
Softdrink	1,50 €
Glas Bier	1 €
Bratwurst	1 €
Kugel Eis	0,50 €
Taxifahrt (Kurzstrecke, 5 km)	7,50 €
Mietwagen/Tag	60 €

Mietwagen

In Prag sind zahlreiche internationale Leihwagenfirmen vertreten. Bei Fahrten ins Ausland wird eine Rückführgebühr fällig. Der Abschluss von Zusatzversicherungen gegen Diebstahl und Unfall ist ratsam.

■ **Czechocar CS**, 5. května 65 (im Kongresszentrum), Nusle (Prag 4), Tel. 261 222 079, www.czechocar.cz
■ **AVIS**, Klimentská 46, Neustadt, Tel. 221 851 225, www.avis.cz

Netzspannung

220 Volt. In den Hotels braucht man in der Regel keine Adapter, jedoch passen keine dreipoligen Schweizer Stecker.

Notrufnummern

■ Erste Hilfe: Tel. 155 oder 112
■ Polizei: Tel. 158
■ Stadtpolizei: Tel. 156
■ Feuerwehr: Tel. 150
■ Unfallnotdienst: Tel. 1230, 1240

Post und Telefon

Die Kennfarbe der Post (Pošta) ist orange. Von 2–24 Uhr geöffnet ist die Hauptpost in der Jindřišská 14 (Neustadt, nicht weit vom Wenzelsplatz entfernt). Die öffentlichen Telefone akzeptieren Münzen und Telefonkarten (bei Postämtern und an Kiosken erhältlich).

Das tschechische Telefonnetz wurde 2002 umgestellt, seitdem ist die Vorwahl in die Nummer integriert und somit jeder Anschluss mit Ausnahme von Servicenummern neunstellig.

Mit Ihrem Handy (»mobil«) kommen Sie problemlos in eines der drei Mobilfunknetze (O2, T-Mobile, Vodafone).

Telefonvorwahl: Tschechien 00 420, Deutschland 00 49, Österreich 00 43, Schweiz 00 41.

Sicherheit

Die vielen Sicherheitskräfte in der Stadt vermitteln ein ruhiges Gefühl. Doch aufgepasst: Trickdiebe sind besonders in der Nähe von touristischen Sehenswürdigkeiten und in den Straßenbahnen sehr aktiv.

Stadtrundfahrten

Viele Stadtrundfahrten starten gegenüber dem Gemeindehaus; hier kann man sich am besten einen Überblick über das Angebot verschaffen. Die

---

Gut zu wissen

■ **Parkplätze:** Am sichersten parkt man in bewachten Parkhäusern, z.B. bei Shoppingcentern wie »Palladium«. Viele Hotels haben eigene Parkplätze. Das Auto auf keinen Fall unbewacht am Straßenrand stehen lassen.

■ **Spartipp:** Die ein Jahr lang gültige PragueCard bietet eine Reihe von Vorteilen, etwa ermäßigten Eintritt zu Sehenswürdigkeiten sowie freie Fahrt in den Verkehrsmitteln während 48 Stunden. Erhältlich beim Tourist Center in der Celetná 14, Altstadt.

■ **Museen:** Mit wenigen Ausnahmen generell montags geschlossen. Während der Museumsnacht im Juni sind die Museen überfüllt, besser eignet sich ein ruhiger Sonntag für den Besuch.

■ **Öffnungszeiten:** Im Allgemeinen dürfen Geschäfte und Gastronomie ihre Öffnungszeiten selbst bestimmen, wobei sie sich nach der Kundschaft richten. Die Läden im Zentrum von Prag sind also auch am Sonntag geöffnet.

■ **Verboten in der Öffentlichkeit:** Kaugummi und Zigarettenkippen auf den Boden werfen, Tauben füttern und Werbung ankleben.

genannten Unternehmen bieten ihre Dienste auch mittels Flyern in den Hotelrezeptionen an.

■ **Martin Tour,** Tel. 224 212 473, www.martintour.cz

■ **Best Tour,** Tel. 220 878 947, www.besttour.cz.

■ **Prague Sightseeing Tours,** Tel. 222 314 655, www.pstours.cz

Nicht nur per Bus, sondern auch mit einem Bähnchen, einer Kutsche, einem Dampfer oder auf dem Drahtesel kann man Prag kennenlernen:

■ **Central European Adventures,** Tel. 222 328 879.

Ausflüge in die Umgebung von Prag – mit Fahrrad, Kanu und zu Fuß (Apr. bis Sept.). Infos und Verkauf im Altstädter Rathaus.

■ **Ekoexpres,** Tel. 222 517 741 oder 602 615 834.

Kleiner Ökozug; Abfahrt am Altstädter Ring (Apr.–Okt.), Buchung im Altstädter Rathaus.

■ **Pony Travel,** Tel. 224 931 112. Rundfahrten in Pferdedroschken.

■ **Prague Walks,** Tel. 603 271 911, www.praguewalks.com.

Spaziergänge auf den Spuren der Samtenen Revolution, der Prager Gespenster, durch Altprager Wirtshäuser u.a. Treffpunkt meist am Altstädter Rathaus.

Trinkgeld

In Hotels und Restaurants sind 10 % des Rechnungsbetrags als Trinkgeld üblich. Fremdenführer und Taxifahrer freuen sich über eine kleine Anerkennung.

Zoll

Gegenstände des persönlichen Bedarfs und Geschenke können innerhalb der EU unbegrenzt zollfrei ausgeführt werden, von Staaten außerhalb der EU nach Tschechien bis zum Gesamtwert von 175 €. Bürger mit Wohnsitz in

Staaten außerhalb der EU können überdies die Mehrwertsteuerrückerstattung (»Tax Refund«) bei Waren ab einem Wert von 2000 Kč beantragen, das dazugehörige Formular stellt das jeweilige Geschäft aus.

Durch den Beitritt Tschechiens zur EU und zum Schengenraum wurden die steuerlichen Freimengen pro Person für Tabak und Alkohol deutlich angehoben: 800 Zigaretten oder 200 Zigarren, 10 kg Kaffee sowie 110 l Bier oder 90 l Wein oder 10 l Spirituosen. Für gefälschte Markenprodukte und Feuerwerkskörper gilt in den Nachbarstaaten ein striktes Einfuhrverbot. Beim Kauf von Antiquitäten und seltenen Kunstgegenständen informiert man sich über die Ausfuhrbestimmungen am besten direkt bei den Zollbehörden oder in dem betreffenden Geschäft. Zollamt in Prag: Washingtonova 11, Neustadt, Tel. 261 334 773.

Register

www.polyglott.de

Polyglott im Internet: www.polyglott.de

Impressum

Wir freuen uns, dass Sie sich für einen Reiseführer aus dem Polyglott-Programm entschieden haben. Auch wenn alle Informationen aus zuverlässigen Quellen stammen und sorgfältig geprüft sind, lassen sich Fehler nie ganz ausschließen. Wir bitten um Verständnis, dass der Verlag dafür keine Haftung übernehmen kann. Ihre Hinweise und Anregungen sind uns wichtig und helfen uns, die Reiseführer ständig weiter zu verbessern. Bitte schreiben Sie uns:
Polyglott Verlag, Redaktion, Postfach 40 11 20, 80711 München, redaktion@polygott.de

Wir wünschen Ihnen eine gelungene Reise!

Herausgeber: Polyglott-Redaktion
Autor: Gunnar Habitz
Redaktion: Werkstatt München • Buchproduktion
Lektorat: Eva Meyer
Bildredaktion: Ulrich Reißer und Anja Dengler
Layout: Ute Weber, Geretsried
Titeldesign: Studio Schübel Werbeagentur GmbH, München
Karten und Pläne: Cordula Mann, Sybille Rachfall
Kartografische Bearbeitung: Kartographie Huber
Satz: Schulz Bild + Text, Hamburg
Druck: Himmer AG, Augsburg
Bindung: »Butterfly«-Bindeverfahren zum Patent angemeldet durch
Kösel Industrielle Buchbinderei GmbH 2008

Langenscheidt Mini-Dolmetscher Tschechisch

Allgemeines

Guten Morgen.	Dobré ráno. [dobräh rahno]
Guten Tag.	Dobrý den. [dobrih dän]
Hallo!	Ahoj! [ahoj]
Wie geht es Ihnen / Dir?	Jak se máš / máte? [jak Bä mahsch / mahte]
Danke, gut.	Děkuji, dobře. [djäkuji dobrseħä]
Ich heiße ...	Jmenuji se ... [jmänuji Bä]
Auf Wiedersehen.	Na shledanou. [na Bchlädanou]
Morgen	ráno [rahno]
Nachmittag	odpoledne [odpolädnä]
Abend	večer [wätschär]
Nacht	noc [notz]
morgen	zítra [sihtra]
heute	dnes [dnäs]
gestern	včera [ftschära]
Sprechen Sie Deutsch / Englisch?	Mluvíte německy / anglicky? [mluwihtä njämätzki / anglitzki]
Wie bitte?	Co prosím? [tzo proBihm]
Ich verstehe nicht.	Nerozumím. [närosumihm]
Sagen Sie bitte nochmals.	Řekněte to ještě jednou, prosím. [rseħäknjätä to jäschtjä jädnou proBihm]
..., bitte	..., prosím [proBihm]
danke	děkuji [djäkuji]
Keine Ursache.	Není zač. [nänih satsch]
was / wer / welcher	co / kdo / který [tzo / gdo / ktärih]
wo / wohin	kde / kam [gdä / kam]
wie / wie viel	jak / kolik [jak / kolik]
wann / wie lange	kdy / jak dlouho [gdi / jak dlouho]
Wie heißt das auf tschechisch?	Jak se tomu říká česky? [jak Bä tomu rseħihka tschäski]
Wo ist ... ?	Kde je ...? [kdä jä]
Können Sie mir helfen?	Můžete mi pomoci? [muhschätä mi pomotzi]
ja	ano [ano]
nein	ne [nä]
Entschuldigen Sie.	Promiňte. [promintä]
Das macht nichts.	Není zač. [nänih satsch]

Sightseeing

Gibt es hier eine Touristen-information?	Jsou zde někde turistické informace? [jBou sdä njägdä turiBtitzkä informatzä]
Haben Sie einen Stadt-plan / ein Hotel-verzeichnis?	Máte plan města / seznam hotelů? [mahtä plan mnjäBta / Bäsnam hotäluh]
Wann ist die Kirche geöffnet / geschlossen?	Kdy je otevřený / zavřený kostel? [gdi jä otäwrseħänih / sawrseħänih koBtäl]
Wann ist das Museum geöffnet / geschlossen?	Kdy je otevřené / zavřené museum? [gdi jä otäwrseħänäh / sawrseħänäh musäum]
Wann ist die Ausstellung geöffnet / geschlossen?	Kdy je otevřená / zavřená výstava? [gdi jä otäwrseħänah / sawrseħänah wihBtawa]

Shopping

Wo gibt es ...?	Kde dostanu ...? [gdä doBtanu]
Wie viel kostet das?	Kolik to stojí? [kolik to Btojih]
Das ist zu teuer.	To je moc drahé. [to jä motz drahäh]
Das gefällt mir / nicht.	To se mi líbí / nelíbí. [to Bä mi lihbih / nälihbih]
Gibt es das in einer anderen Farbe / Größe?	Máte to ještě v jiné barvě / velikosti? [mahtä to jäschtjä wjinä barwjä / wälikoBti]
Ich nehme es.	Vezmu si to. [wäsmu Bi to]
Wo ist eine Bank?	Kde je tady banka? [gdä jä tadi banka]
Geben Sie mir 100 g Käse / ein Kilo Orangen.	Dejte mi deset deka sýra jedno kilo pomerančů. [dejtä mi däBät däka Bihra / jädno kilo pomärantschuh]
Haben Sie deutsche Zeitungen?	Máte německé noviny? [mahtä njämätzkäh nowini]
Wo kann ich telefonieren / eine Telefon-karte kaufen?	Kde mohu telefonovat / dostat telefonní kartu? [gdä mohu täläfonowat doBtat täläfonih kartu]

Notfälle

| Ich brauche einen Arzt / Zahnarzt. | Potřebuji lékaře / zubaře [potrseħäbuji lähkarseħä subarseħä] |